「人生どん底」から
幸せが舞い込む

ひとりお祓い

心理カウンセラー
masa

あさ出版

読者から反響のお便り　続々!!

（宮城県／50代女性）

「もうこの年で恋なんて無理」と思ってましたが、「私は愛されなきゃおかしい」と唱えていたら、3ヶ月後に交際がスタート

（新潟県／40代男性）

「神様の奇跡が起こる」と唱えながら玄関を磨いていたら、翌月のボーナス支給額が過去最高に

（高知県／50代女性）

「関わる人の「幸せを願う」ことを習慣にしたら、なぜか職場の人間関係が驚くほど改善しました」

病気=不幸と思い込んでいましたが、「この経験が誰かの役に立つ」と思考を修正したら、不思議と心が軽くなりました（長崎県／50代男性）。掃除中に「ありがとう」を何度も唱えていたら、家族との会話が自然と増えていきました（岐阜県／60代女性）。毎朝「人生に遅すぎることはない」と唱えていたら、知り合いがずっと興味のあった仕事の話を持ち掛けてくれました（愛媛県／40代男性）。本当に今すぐに実行できる内容ばかりでした。なかには「えっ？こんなことして良いの？」と言う驚きの内容も含まれていました（東京都／30代）。この本には浄化方法、幸せになる言霊、ポジティブになる考え方が書かれています。どれかひとつでもやってみることをオススメします！（青森県／50代）。私なんて無理、が口ぐせでしたが、「できるかも」と言葉を変えるようにしたら、昇進の話が舞い込んできました（大阪府／40代女性）。「節約しなきゃ」ではなく「お金を大切に扱おう」に変えたら、毎月赤字だった家計が黒字に（兵庫県／40代女性）。「自分に素直でいい」と思いながら毎日一箇所ずつ掃除していたら、希望通りの条件で転職が決まりました（長野県／30代男性）。「失敗=終わり」の思考から「これは始まり」と考え直すことで、失恋をきっかけに人生を立て直せました（大分県／20代女性）。

◀◀◀「ひとりお祓い」の詳しい方法は本文で確認！

あなたはどんなことに悩んでいるでしょうか。

・人間関係が苦しい
・お金のことでストレスだらけ
・仕事で失敗してばかり
・恋人がまったくできない
・子育てがうまくいかない

では、想像してみてください。

・人間関係が快適になる
・お金のストレスがなくなった
・仕事で出世することができた
・恋人ができて毎日が楽しい
・家族で楽しい日々を過ごせている

こうした理想的な毎日は
自分にはほど遠い話だと
諦めていないでしょうか。
数十年生きてきて
いまさら変わらない
と思っていませんか。

はっきりお伝えします。
いつからでも、いまからでも
人生は変えられるものです。

本書で紹介する方法は
10代〜90代まで
たくさんのかたが効果を実感した
人生大好転の法則です。

しかも、ただの開運のための行動ではありません。

そもそも開運行動には
効果がある人
効果がない人
にわかれます。
これはなぜなのでしょうか……。
私が考えるに、ひとつの大きな違いは
あなたが「邪気」をどれほど帯びているかどうかです。

たくさんの「邪気」を帯びていれば
よくないことを引き寄せます。
開運しようとしても
そのエネルギーを受け取る
状態になっていないので
プラスのエネルギーも効力を発揮しません。

だから、まず大切なことは
運気を下げる「邪気」を祓うこと。
そうして自分で運気を高め
人生の流れをよくしていくことです。

本書では、1万人が効果を実感した
ひとりで「邪気」をお祓いできる方法
「ひとりお祓い」をお伝えします。

もうあなたはハードな人生を選ばなくてもいい。
「ひとりお祓い」をしながら
最高の人生を送るタイミングがやってきました。

はじめに

厄年や大殺界などを恐れすぎていませんか？

本書を手に取った皆さんは、星座占いが最下位だったり、おみくじで凶が出たらテンションが下がっていませんか。

これらのことを気にしすぎている人は、周囲の人やできごとから影響を受けて振り回される人生になっています。

きっとことあるごとに気持ちをグラグラ揺さぶられていて、生きるのが大変なのではないでしょうか。

もっと言えば、

「一生懸命、働いているのに、会社にぜんぜん認められない」

「健康に気を使っているのに、いつもどこか調子悪い」

「家のなかで会話がなく、家族が自分に冷たい」

といったように、この本を手に取ったあなたは長い間人生がうまくいかずに、不満を抱えているのかもしれません。

原因や理由が思いあたらないのに不運なできごとばかり起こる。

がんばっているのに、どうしても人生が好転しない。

実は、そんなときは「邪気」がたまっている可能性が高いと言えます。


「邪気」というと、得体が知れない、何やら恐ろしいもののように聞こえるかもしれませんね。

でも、「邪気」とはシンプルに言えば、マイナスのエネルギーのことです。

「邪気」そのものは目で見ることはできませんが、マイナスのエネルギーを体にためこんだ状態になっている人はたくさんおられます。
たとえば次のようなシチュエーションを経験したことはないでしょうか。

・これからの人生、よくないことばかりが起こるのではないかと不安になる
・転んでケガしたり、財布をなくしたり、嫌なことばかり起きる
・彼と別れたあと、全然いい人に出会えない
・他人の言葉がまるで自分を責めているように感じる
・自分の家にいるのになぜだか落ち着かない

34ページで説明しますが、「邪気」がたまるとこのような状態になりがちです。

「邪気」はたまっていってもなかなか自分で気づけず、**しつこくあなたにまとわりつきます。その結果、ため込まれたマイナスのエネルギーは運気を強力に下げていき、やがては不運なできごとを次々に引き起こしてしまうのです。**

邪気は「ひとりお祓い」でなくす

本書が提案するのは、そのようにうまくいかない人たちの人生が大好転する「ひとりお祓い」という方法です。

その名の通り、「ひとりお祓い」とは一人で邪気を振り祓う方法です。

大きな特徴は2つ。

ひとつは邪気まみれになりやすい現代に適したお祓いであるという点です。

どういうことか説明するために「邪気」の性質をお話ししましょう。

現代は、以前と比較すると世のなかの流れが、何十倍、何百倍にもスピードアップしています。

指数関数的な情報量の増加は言うに及ばず、私たちの価値観だって10年前や20年前と比べたら、常識だったものが非常識になっているものも少なくありません。

何か新しいテクノロジーが出てきたと思ったら、別のテクノロジーに取って代わられたりといったこともよくあります。

こうした変化が激しくなった分、心が揺れたり悩んだりする機会が増え、私たちは外側から「邪気」の影響を受けたり、自分の内側から「邪気」を生み出したりしやすくなっているのが現代です。

これでは、厄年の前後に神社などでしてもらう厄払いだけでは、たまった「邪気」を祓おうにも追いつきません。

そもそも、仕事や恋人、家庭などで忙しい毎日を過ごしている皆さんにとっては神社などに行く機会だってあまりないかもしれませんね。

だから、「毎日」「一人で」できるお祓い方法というのがとても重要なのです。

「三位一体クリアの法則」を実践すれば邪気知らずに

では、どうやって「ひとりお祓い」すればいいのでしょうか。

その答えが本書の特徴の2つ目です。

「邪気」とは、先に説明したように単なるマイナスのエネルギーのことです。

だから、コツさえわかれば、実は簡単に自分で祓うことができます。

本書では、これだけすれば毎日邪気知らずで過ごせる「三位一体クリアの法則」という方法をお伝えしていきます。

「三位一体クリアの法則」とは「掃除」「言霊」「思考」の3つで行うお祓い方法。

どれも難しいことではなく、これだけすれば邪気を自分で祓えるという法則をまとめてあり、日常生活のちょっとした習慣を改めることで大きな効果を発揮するものです。

私はこれまで多くの人に「三位一体クリアの法則」をお伝えしてきました。その結果、10代~90代の人まで年齢を問うことなく「人生が大好転した」「人生の不安が少なくなった」「心が晴れやかになった」というお声をたくさんいただいています。

本書は私自身が、私の仲間が、そしてたくさんの人たちが効果を実感してきたこの方法を、ぜひ皆様にもお伝えしたく執筆しました。

「ひとりお祓い」は神社など特別な場所に出向かなくても、自宅で、そして自分で簡単に「邪気祓い」ができ、費用もかかりません。

1万人の人生を変えた「ひとりお祓い」の効果を、ぜひ本書を読みながら実感していただければと思います。

これまで不運だらけの人生を送っていた人は、ここから大好転していきますように。

今までも幸運だらけの人生を送っていた人は、ますます幸運がやってきますように。

皆さまの幸せを心から願いながら本書を想いを込めて書かせていただきます。

2025年　4月　一粒万倍日　心理カウンセラー　ｍａｓａ

心理カウンセラー masa オリジナル

邪気レベル診断テスト

邪気は目に見えないものです。自分自身の感覚とは違って、思ったよりも邪気がたまっていることは少なくありません。あなたにいま、どのくらいの邪気がたまっているのか。「邪気レベル診断テスト」を通して、確認してみましょう。

まずは、グループA～Cにチェックを入れて、各グループのチェック数を数えてください。

グループA

チェック数 □

- □ 人と比べて落ち込みやすい
- □ 湯船につからずシャワーで済ませがち
- □ 職場や身の回りに苦手な人がいる
- □ 昔のことをよく思い出して苦しくなる
- □ インスタント食品を手にしがち
- □ ボロボロになった下着でも捨てられない
- □ 猫背になっている
- □ 日当たりが悪い部屋で暮らしている
- □ 「あの人はいいな」と人の幸せを羨むことがある
- □ 「忙しいからムリ」と言いがち
- □ 買い物でストレスを発散しがち
- □ お酒をつい飲みすぎる
- □ 貯金しか楽しみがない
- □ 褒められても「そんなことないです」と言いがち
- □ 肩こりや偏頭痛がある

グループB

チェック数

- 友人、同僚のゴシップに付き合うことが多い
- デスク周りや部屋が散らかっている
- イライラしてしまうことがよくある
- 自分のことより周りを優先しがち
- 言いたいことがあってもガマンをしてしまうことがある
- なぜだかわからないけれど、いつも時間に追われている
- 父親、母親など家族の誰かと仲が悪い
- 周りの目がいつも気になる
- 窓が少ない部屋にいる
- 部屋をあまり換気しない
- 使わないものでも捨てられずにため込めがち
- 何年も新しいことに挑戦していない
- 自分だけがいつも損をしている気がする
- 日々が単調で叶えたい目標がない
- 服装や髪型に気を使わない

グループC

チェック数

- スマホを1日5時間以上見る
- 緑や自然のある場所にあまり行かない
- 親に反抗したことがない
- いつも悪いことが起きるのではと心配になる
- 悪い夢をよく見る
- 観葉植物が枯れてしまいがち
- 過去のできごとに執着しがち
- 家族に不幸が起こっている
- 呼吸が浅い
- 感情の起伏が激しい
- 「どうせ」「私なんて」と口にしがち
- 不規則な生活でいつも疲れている
- 人がうまくいくと「裏があるはず」と勘ぐる
- 笑顔が少なく口角が下がっている
- 人生を早く終わらせたい

点数の数え方

合計点

グループAはチェック数×1点

グループBはチェック数×3点

グループCはチェック数×5点

上記のように前ページでのチェック数をグループごとに計算して合計点を出してみてください。

診断結果表

39点以下　：邪気知らずさん

40～70点　：邪気ナチュラルさん

71～100点：邪気まみれさん

101点以上　：邪気の権化さん

邪気知らずさん

うまく邪気をためこまないように生活できているようですね。でも、「邪気」は日常生活のなかで自然と蓄積していく性質があります。無邪気な体質になって、さらなる幸運を引き寄せるためにも、「ひとりお祓い」をしていきましょう。

邪気ナチュラルさん

「邪気」が徐々にたまっている状態です。少しイライラや体の疲れもたまっているのではないでしょうか。悪いことが続かないよう、本書で述べる邪気を出さない習慣の見直しに努め、「三位一体クリアの法則」のうちできていない部分を改善していきましょう。

邪気まみれさん

すでに「邪気」まみれになっています。慢性的にしつこい「邪気」を生み出すクセがついている恐れがあります。精神面だけではなく、身体的にも悪い影響が出てくるレベルです。徹底的に「ひとりお祓い」を実践してください。

邪気の権化さん

自分の内側からたくさんの「邪気」を出していて、もはやあなた自身が「邪気」の根源になっている状態です。親しい人にも負のエネルギーが伝わっている可能性が高いでしょう。もしかしたら、邪気レベル診断テストでは判定不能なレベルまでひどい状態に陥っている人もいるかもしれません。本書で述べる「三位一体クリアの法則」で「ひとりお祓い」を始め、長期的に取り組んでいきましょう。

第1章 なぜあなたの人生は思い通りにならないのか？

第2章

「邪気」を生み出しやすい人の6つの習慣と対策

第3章

【掃除】で邪気が寄りつかないお家に整える
～「ひとりお祓い」をする～

第4章

【言霊】に宿る不思議な力で邪気を落とす

～「ひとりお祓い」をする～

第5章

～「ひとりお祓い」をする～

【思考】で邪気知らずの心をつくる

第6章

邪気ゼロで雪崩のごとく幸運を引き寄せる

第1章

なぜあなたの人生は思い通りにならないのか？

「不運のオンパレード」は邪気が悪さをしているせい

皆さん、「邪気レベル診断テスト」の結果はどうでしたか。

「えぇ〜、こんなに〝邪気〟がたまりまくってるの⁉」という人もいたかもしれません。でも、心配しなくても大丈夫です。

振り返れば私にも「なんで自分の人生、こんなことばかり起こるの？」と言いたくなるような、不運が続いた時期がありました。

それは、ちょうど24〜27歳までの3年間のことです。

この3年は、何をやってもうまくいかずにつらいことばかりでした。

「自分の人生、もう終わりでいいかも……」と、何度も考えたほどです。どんな状況に陥っていたのか、簡単にお話しさせてください。

私が24歳のとき、母がうつ病を患いました。それだけでもショックなできごとなのに、1年経ち、2年経っても、母は回復するどころか「一生治らないかもしれない」という診断を受けてしまいます。

私はというと、母の介護のために正社員で勤めていた会社の仕事を辞め、コンビニでアルバイトをすることに。貯金を取り崩してばかりいる貧乏暮らしの日々が続きました。

母の病気が治る見込みはなく、7年間付き合っていた大切な彼女にもフラれ「自分の人生は一生、このままなのか」と、絶望のどん底状態だったのです。

不幸なできごとは、私や母だけではありません。

身近にいる家族もなんとなく心身の不調が続きました。

父は中間管理職という立場のストレスからか、いつもイライラしていましたし、子どもが生まれたばかりの姉も、育児ノイローゼのような状態でした。

いまから思えば、そのころの私には、相当「邪気」がたまっていたのでしょう。

こんな人生を変えたい。

どうにかしたいと思いながらも、何から始めていいかわからない。

真面目に努力しているつもりなのに、何をやっても裏目に出る。

そんな悪夢のような状況に陥り、どうにも抜け出せずにいました。

「負のスパイラル」にハマってしまうと大変……

「邪気」がたまりすぎると、運気が大きく落ち込み、マイナスの状態に陥ります。

マイナスの度合いが高くなればなるほど、いくら人生にポジティブな効果をもたらす方法を実践しても、なかなかプラスにまで戻れません。

実際、当時の私も開運を引き寄せるとされているパワーストーンを身につけたり、携帯電話の待ち受けを龍の画像にしても、ほとんど効果を感じられませんでした。

「不幸の連鎖」にハマっているときに、幸運を引き寄せようとしてもその効果は半減どころか実感すらできないのです。

だからなかなか人生は好転しません。


ではどうすればいいのでしょうか。

まず、**運気をマイナスからニュートラルな状態に戻してあげる行為が必要です。**

「邪気」は祓わなければ、自分ばかりでなく身近な人にまで、次々とイヤなことばかり起こる「負のスパイラル」を引き起こす可能性が高まります。

負のスパイラルは、邪気がたまってイヤなことが起きて、それが邪気をまた引き起こす厄介な循環現象です。

これを正しい状態に戻すためには負のスパイラルを断ち切らなければなりません。邪気を祓いつつ、運気をマイナスからプラスへとつなげる行為、それこそが本書で述べる「ひとりお祓い」です。

邪気の根本原因は自分の内側から生まれる

「ひとりお祓い」の方法を述べる前に、「邪気」について理解を深めていきましょう。

「邪気」というと、なんだかドロドロとした悪い力を想像するかもしれませんが、どうしようもなく恐ろしい魔物のようなパワーなどではありません。

「邪気」とは、シンプルにマイナスのエネルギーのことです。

そもそもエネルギーとは、思考を動かし、行動する原動力となるものです。

プラスの力が強ければ、前向きに考えチャレンジするパワーとなるでしょう。

一方で、**マイナスの力が強烈だと、人は後ろ向きな考えに陥りがちになり、前に進むことができなくなります。**

たとえば、友人との会話でついついネガティブな発言をしてしまったり、仕事で重要だと認識しているプロジェクトに悲観的なイメージを抱いたり、すでに起きてしまったことを悔やんだりするなど、ネガティブな力が働きます。

もっとわかりやすい例でいえば、他人の放った言葉が相手はそんなつもりないのに、まるで自分を責めているように感じてしまうといった卑屈な状態になってしまうのです。

思考だけではありません。

「邪気」というマイナスのエネルギーが増えると、いま持つエネルギーのレベルを引き下げます。東洋医学では心と身体はひとつのものとしてみなされるように、精神的なストレスは肉体面にも影響を及ぼします。

そのため、より「邪気」がたまっていくと、私たちの持つエネルギーはどんどんマイナスに引き下げられ、疲れやすくなり不調を感じるようになります。**つらい**

こと、望まないことが起こる可能性が高まるだけではなく、肉体的、精神的に病気になる確率もアップしてしまうのです。

「邪気」には2種類存在する

それでは、「邪気」はどのようにして生まれるのでしょうか。

主に2つのパターンが存在すると私は考えています。

ひとつはあなたの内側から生み出される邪気。

もうひとつは、外側から届けられる邪気。

前者は自分の行動や言葉が邪気のもとをつくり、後者では他者から発せられた言葉や働きかけによって邪気をまとってしまいます（詳細は40ページ参照）。

さて、皆さんは、2種類のどちらのほうが量が多いと思いますか。

答えは、「邪気」の9割は、自分が生み出しています。

どうして、私たちは自ら運気を下げる「邪気」をつくり出してしまうのか。

最大の理由が、私たちが持つ「心のクセ」です。

私たちは一人ひとり、成長するにつれて身につけた、無意識に物事を認知する心のクセを持っています。そのクセが知らず知らずのうちに「邪気」をつくり出してしまうのです。

たとえば、上司に仕事のやり方を注意されたとしましょう。

このとき、Aさんは「そうか、そこを直せばもっと効率よくできるんだ」と受け止めるとします。

でもBさんは「また、ネチネチ細かいこと言ってる。だからこの人、嫌われるのよね」と思ったとします。

こうした、状況に対する反応の仕方が「心のクセ」です。

そして、この例でどちらが「邪気」を生み出しやすいかといえば……Bさんだということは皆さんにもなんとなくおわかりいただけるでしょう。

何気ない瞬間に邪気は生まれる

内側から「邪気」がつくられてしまう心のクセについてもう少し解説しましょう。

いくつか例を挙げてお話しを進めます。

たとえば、Instagramのストーリーズで、友人のキラキラした姿が流れてきて、「なんであの子ばかり」と羨ましく思った。

会社の同僚が上司に褒められているのを聞いて「悔しい」と感じた。

ママ友がほかの人の悪口を言っているのに、つい同調してしまった。

このように、**嫉妬をしたり人を悪くとらえたりして、もやもやしたネ**

ガティブな感情を持った瞬間に「邪気」は生まれます。

これは感覚的にも邪気を生み出していると皆さんも理解しやすいのではないでしょうか。厄介なことに現代の人は、無意識のうちに1日に何十回もこんな思いを心に浮かべています。

自分を粗末に扱っていると気づきづらい

一方で、次のような心のクセも挙げられます。
それは「自分を大切にしない」ことです。
自分を責めて、つらくあたると、内側からの「邪気」はどんどん生まれます。

たとえば、仕事や家庭、子どもの世話などに追われて、時間のやりくりがうまくいかなかったとしましょう。このとき「なんで段取りよくできないんだ」と感じてしまい、つい自分を責めてしまうということはないでしょうか。

でも、これは頑張っていないのでしょうか。

違いますよね？　周りの人のために頑張ってます。

それなのに、自分を責める感情に包まれています。

しかも、このとき大半の人は「まさか自分を粗末に扱っている」とは思ってもみないので、邪気をつくりだしているということにさえ気づきません。

「どうせ自分は……」と自分を卑下し、何かあるたびに誰かと比べ「私ってどうしてこんなにダメなんだろう」と自分を責める。

周りや家族を優先し、いつも自分を後回しにして、自分のやりたいことなど何年も考えてみたこともない。

こういった「心のクセ」によって、誰もが知らず知らずのうちに、ちょっとした瞬間に「邪気」を生み出していくのです。

普通に暮らしていても邪気はたまっていく

残りの1割である、外側からの「邪気」は、どんなときに生まれているのでしょうか。

最も影響が大きいのは、日々受けとる、スマホなどからの情報です。

私たちの生活に欠かせなくなったスマホは「邪気の宝庫」とも言えます。

なぜなら、電車のなかや空き時間などに何気なくスマホで見ているニュース、そして朝起きてから、時計代わりにつけているテレビ番組の内容は、9割以上が芸能人のゴシップや犯罪、事故などの心をザワザワさせる情報であふれかえっています。

実際に世のなかでは、それほど悪いことばかりが起きているのかというと、そんなことはありませんよね。これは科学的にもデータで証明されていることです。

視点を変えるだけで、いいことや楽しいことはたくさんあります。

でも報道する側は、センセーショナルで悪いニュースのほうが視聴者が飛びつきやすいため、注目してもらうためにネガティブな情報ばかり流します。

しかも私たちはそうしたネガティブな情報に反応しやすく、スマホに組み込まれているアルゴリズムは、それと似た傾向のニュースをピックアップして、私たちの指がクリックするように誘導します。

何も考えずに毎日一定の時間、こうしたマイナスの情報に触れていたらどうなるでしょうか。

「あちこちで戦争が起きていて、怖いね」

「あの芸能人は、女性問題で業界から干されたらしい」
「老後の資金が何千万円も足りないらしいけど、どうしよう」

などと、ネガティブな情報と思考に陥ったら、当然「邪気」はどんどん生まれます。

私たちが日々どれだけこうしたマイナスの情報に囲まれているのか。それを示す次のような試みがあります。

あるとき、私が一人のお客様に「邪気」の影響を自覚してもらうために、

「明日から１週間、上司や同僚の悪口、うわさ話、芸能人のゴシップを口にしないようにしてみてください」

と伝えたことがありました。

すると、１週間後にその女性は「友人と話すことがほとんどなくなって、自分でもビックリした」と報告してくださいました。

それほど、多くの人は無意識にネガティブな情報を取り入れ、考え、口にしてい

るのです。

相手のエネルギーに引き込まれて邪気をまとうことも

もうひとつ、**外側から影響を受けやすいのが、ほかの人が発している「邪気」です。**

あなたは、会社のグチや上司の悪口ばかり話す友人とずっと一緒にいたら、なんだか疲れてしまったという経験はありませんか。

これは、相手の持つ低いエネルギー、つまり「邪気」に自分のエネルギーレベルを引き下げられたため、ぐったりしてしまったのです。

でも、ここでひとつ疑問が浮かぶかもしれません。

私はよく「ｍａｓａさんは、毎日のようにお仕事で人生のヘビーな悩みを相談されているのに、よく影響を受けませんね？」と言われます。

図1-1 「邪気」の原因

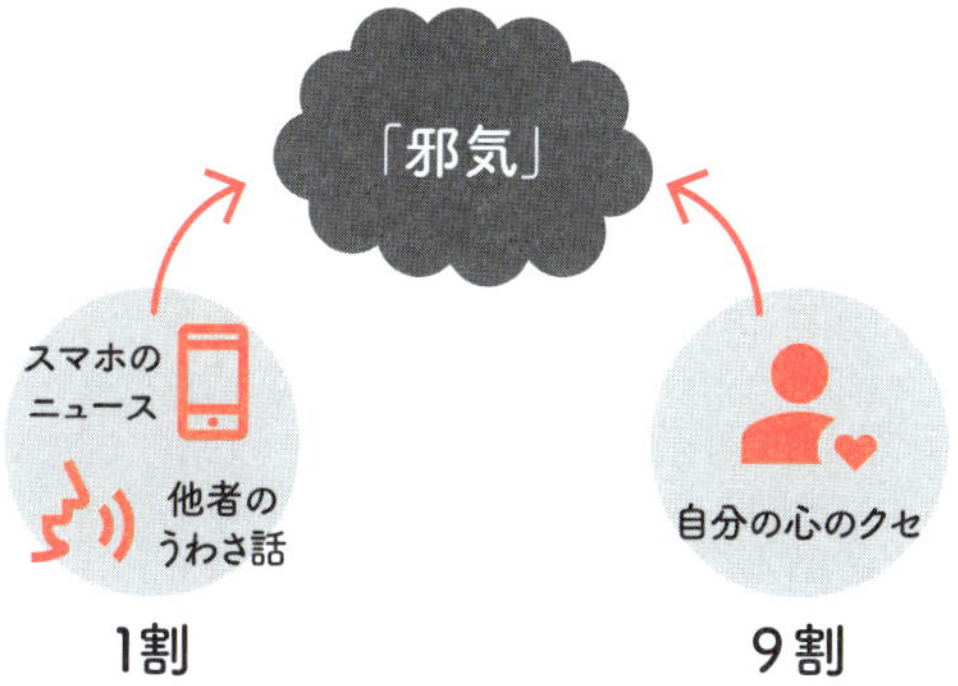

「邪気」のほとんどは自分が生み出している。
逆を言えば、自分次第で「邪気」は減らせる！

私のようなカウンセラーや、医師や整体師のように日々、体調が悪い人と接する職業は、さぞかし「邪気」の影響を受けやすいのだろうと思われているのでしょう。

ですが、**「邪気」のパワーに引っ張られるかどうかは、心構え次第です。**

一番のポイントは、その方の悩みに「かわいそうだ」とか「つらいに違いない」などと同調しないことです。

私は、相談を受けるといつも「この人はいま、人生の課題に向き合っているんだな。課題を解消することで、大きく成長する絶好のチャンスだ」と考えます。

そして「どうやって一緒に、解決していこうか」と思うと、楽しみで仕方なくなるから「邪気」の持つマイナスのエネルギーに影響されないのでしょう。

このように考え方ひとつで、相手の「邪気」に左右されず、むしろマイナスをプラスに転換し、お互いに前向きになることができます。

「外側からの〝邪気〟」は、割合としては全体のわずか1割かもしれません。

でも、外からマイナスの情報やエネルギーを受けることにより、心が曇ってネガティブな考えが次々に浮かぶから、内側にも大きく影響していると言えるのです。

何かに依存してしまうのも邪気のせい？

37ページで、「邪気」がたまってくると、精神面にも肉体面にも大きな負担がかかるとお話しました。

これは気づかないうちに、強いストレスを受けているのと同じ状態に追い込まれるからです。

ストレスから逃れられない日々が続くと人間はどうなるか。

心理学的には、

「寝ても寝ても疲れが取れない」

「意欲が低下し、やる気がなくなる」
「頭痛、下痢などの不調が起きる」

といった症状が出やすくなるほか、「極端な行動に走る」人が増えるとされています。

たとえば次のようなケースが挙げられます。

- **毎晩、浴びるようにお酒を飲む**
- **借金してでも、高価なブランド品を買いあさる**
- **ギャンブルにハマってしまう**
- **交際相手のスマホをチェックせずにはいられない**
- **お菓子やスイーツなどを爆食いする**

他にも、モノをほとんど食べなくなるなど、ストレスのはけ口を求めて、極端な行動に突っ走ってしまう場合が少なくありません。

「邪気」を放置してはいけない理由とは？

もちろん、こうした何か特定のことがやめられなくなったり、依存したりしてしまう理由が、すべて「邪気」のせいだというわけではありません。

人それぞれの状況によって「邪気」以外にも、いろいろな要因がからんでいます。

でも「邪気」の存在を知らず、そして「ひとりお祓い」をせずにそのまま放置していると、マイナス方向に引っ張る力がどんどん強くなります。

そうして、よくわからないうちに、肉体的にも精神的にも多大なストレスにさらされて、その結果、望んでいないのに、何かに依存するなど、極端な行動に走る可能性が高くなってしまうのです。

生まれたての子どもが理想の状態

こうして誰もが、日常生活のちょっとした瞬間に「邪気」を生み出してしまうのであれば、「邪気」がまったくない人とは、どんな状態なのでしょうか。

私は、生まれたばかりの赤ちゃん、犬やネコなどのペットには「邪気」がないと考えます。

生まれたての赤ちゃんは、老後の心配などしていませんし、ペットの動物もほかの動物のうわさ話などすることはありません。

また、赤ちゃんやペットは、スマホを操作して余計な情報を受け取りませんよね。

「邪気」を生み出す行動や心の習慣を持っていないため、「無邪気」な状態だと言えるのです。だからこそ、生まれたての赤ちゃんや動物に接していると、マイナスのエネルギーに引っ張られることなく、心が穏やかでいられるのでしょう。

大人で無邪気な人とは？

人間の大人でも、一緒にいるだけで心が温かくなる「無邪気な人」は存在します。この場合の**「無邪気」とは、赤ちゃんのように「あどけない」という意味ではなく「いつわりや悪気がない」まっすぐな人のことです。**

よく考えてみたら、笑顔で挨拶をし優しい言葉をかけてくれる、そんな人があなたの周りにも一人や二人はいるはずです。

その人は、無意識のうちに「邪気」を祓う行動を身につけているのでしょう。

同じ環境や似たような生活をしていても、思考や行動によって「邪気」のまとい方は人によって違うというわけです。

人間は生まれたあと、たくさんの人や情報に触れて成長していきます。

その過程で「邪気」を受けたり、自ら「邪気」を生み出したりしてしまうのは仕方のないことです。

でも「邪気」を祓う方法はありますし、生み出さないような心がけもできます。

私も、苦しんでいた24～27歳の時期と比べると、いまではずいぶん「邪気」を祓うことができ、人生が大きく変わりました。

うつ病だった母はすっかり回復し、人生を楽しんでいますし、私自身も心から楽しめる「心理カウンセラー」の仕事を得て、たくさんの方の人生を好転させるお手伝いをすることができています。

またプライベートでも、豊かな人間関係に恵まれ、経済的にも何不自由なく暮らせています。

「ひとりお祓い」を心がけ、邪気を祓うようにすれば、実は、誰でも私と同じように人生を好転させることができるのです。

不定期のお祓いよりも毎日の「ひとりお祓い」が大切

ここから「ひとりお祓い」について詳しく解説していきます。

皆さんのなかには、厄年やお正月などのタイミングで「厄払い」に行かれる方もおられるかもしれません。そして「厄払いをしているのに、さらに〝ひとりお祓い〟も必要？」と疑問に思うかもしれませんね。

「厄払い」と「ひとりお祓い」の違いを説明しましょう。

そもそも、「厄払い」とは、一生のうち、肉体的、精神的に大きな変化が訪れると考えられる〝厄年〟とその前後を、無事に過ごせるように祈願していただくことです。

一般的には数え年（生まれた時点を1歳とし、毎年元旦に1歳ずつ加える数え方）で、男性は25歳、42歳、61歳の3回、女性は19歳、33歳、37歳、61歳の4回、厄年があると考えられています。

厄払いでは、お正月にその年1年間「いい年になり、無事に過ごせますように」と、祈願してもらいます。悪い運気や不幸を避けるために神社やお寺で厄払いを行い、健康や家族の安全を祈ります。一般的には、お守りを授けてもらったり、お祓いの儀式を受けたりすることが多いです。

厄年よりも早く邪気がたまる

一方で「ひとりお祓い」は、毎日の生活のなかで手軽に実践できるものです。

わざわざ神社などに出向かなくても、そして誰かにお祓いしてもらわなくても、自分で、自宅で気軽に「邪気」を祓うことができます。

もちろん、神社などでしっかり厄払いしてもらうのはとてもいいことですが、そもそも厄払いの概念が生まれたのは、平安時代だと言われています。

そのため、当時と現代では大幅に環境が異なっています。

あらゆることがスピードアップして変化が激しい現代は、15ページで述べたように、受け取る情報量や接する人の数が膨大です。

たとえばXやInstagramなどでは、ニュースやトレンドがリアルタイムで更新され、ユーザーはその情報を即座に受け取り、反応することが求められます。昔のように情報をじっくり消化する暇もなく、常に新しい情報に追いつこうとするプレッシャーを感じることが増えています。

こういったことから、**以前の感覚における「体調や人生に大きな変化が訪れる年齢＝厄年」よりも、もっと頻繁に「邪気」が生まれやすいと私は考えます。**

また「厄払い」には、自分の内側から「邪気」が生まれるという概念はありません。「厄払い」はあくまでも、統計的に災いが訪れやすいと考えられる時期に、運を下げる要素を排除し幸運を願います。

だからこそ、決まった年齢や時期に厄払いをします。

でも「邪気」は、日常生活を送るなかで、日々、私たちの内側から生まれていきます。

毎日つくられ、たまっていく「邪気」を祓うだけでなく、根本的に「邪気」が生まれない状態をつくっていく。現代人にはそんな「ひとりお祓い」が欠かせないのです。

何歳になっても「ひとりお祓い」でいいことが起こる！

私に悩みを相談してくださる方のなかには「もう年だから、今回の人生はあきらめて、来世に期待しています」などとおっしゃる方が少なからずおられます。

そんなとき私は、声を大にして「年齢なんて関係ありません！」とお伝えしています。

一般的には、年齢を重ねれば重ねるほど、チャンスは少なくなり、人生を大きく好転させるのは難しいと考えられているかもしれません。

でも、私にご相談してくださる方のなかには80代、90代の方が何名もおられます。

たとえば、90代の雄三さんのお話をしましょう。

彼は家族を失い落ち込んで、自分の人生を見失っているときに私と出会いました。

当初は、半ばやけになり「ああしておけばよかった」といった過去の後悔やグチばかり口にしていました。

でも**「ひとりお祓い」を続けたことで、生きる気力を取り戻し、86歳になってから毎週、地域の清掃ボランティアに参加し始めたのです。**

そして3年ほど経つとリーダーに抜擢され、いまでは「地元をキレイにして、素敵な仲間ができるなんて、何歳になっても人生は変えられるものだ」とおっしゃっています。

20代、30代より40代以降のほうが未来が広がる

私自身も同じです。

体力も気力も充実しているはずの20代よりも、50代に近づいた、46歳のいまのほ

うがよっぽど可能性が広がっています。

体力も気力もあったはずの20代では人生が行き詰まっていたのに、50代に近くなったいまでは、読者が6万人以上のメルマガを運営し、SNSのフォロワーの合計は50万人です。

たくさんのお客様の人生を好転させるお手伝いができ、新たな交流が始まるなど、20代では想像もしていなかった状況に発展しています。

他にも、象徴的な2人のお話をしましょう。

私のコンサル生の『豆腐メンタル経済自由人おかぴー（@okapiii01）』と『マインドコーチYUKO（@mindcoach_yuko）』さんについてのお話です。

おかぴーさんは、私と出会ったまだ20代前半のときは「邪気」まみれでした。経済的に自由になりたい、場所に縛られずに働けるようになりたいと、一生懸命にセミナーを受けたりビジネスにトライしたりしていたのに、どれもうまくいっていませんでした。

ところが**「ひとりお祓い」を習慣にした現在では、パソコン1台でどこでも仕事ができるようになり、経済的にも圧倒的に豊かになっています。**

マインドコーチYUKOさんにいたっては、私と出会ったときは、信頼していた人に裏切られただけでなく、甲状腺の病気で寝たきり状態でした。

ベッドで寝込んでいて「人生終わりかも」と思っていたそうです。

そのときの彼女はすでに50代になっていました。

しかし**「ひとりお祓い」を学び、実践するうちに人生が大きく好転し、いまでは収入は当時の100倍以上。信頼できる仲間に囲まれて心から楽しめる仕事に打ち込んでいます。**

「邪気」の存在に気づき、今日から「ひとりお祓い」を始める。

エネルギーをプラスに引き上げ、望む人生を歩むことは、何歳になっても誰にとっても可能なのです。

column

なぜお守りを買い集める人は邪気まみれになるの？

言霊や感謝ノートなどの開運行動を、まじめに実践しているのに「なかなか目に見えた効果が出ない……」と相談を受けることが、よくあります。

話を聞いてみると、なかなか運気が好転しないと悩む人たちに共通することのひとつに「厄年や天中殺《てんちゅうさつ》などの、運が悪いと言われる時期を気にしすぎる」という点があります。

厄年については55ページで触れましたが、天中殺とは占星術や命理学《めいりがく》における概念のひとつで、特に日本の四柱推命《しちゅうすいめい》や占いで使われる言葉です。

「運気が悪い時期」や「注意が必要な時期」を指しており、通常その期間は物事がうまく進まなかったり、予期しない障害や困難に直面したりすることが多いと考えられています。

特に現代は、わざわざ占ってもらわなくてもスマホですぐに、自分の厄年や天中殺の時期などがわかるため、よけいに気にする方が増えているのかもしれません。

そして、こうした「運が悪いと言われる時期を気にし過ぎる」人たちは、お守りなどの開運グッズを買い集める傾向があります。

たとえば、ときどき、車のバックミラーにジャラジャラとお守りをたくさんぶら下げている人を見かけますよね。また、家の玄関や窓際など、あちこちにお札やお守りなどを飾っている人も少なくないでしょう。

私は開運グッズを買ってはいけないと言っているわけではありません。でも、必要以上にお守りなどのグッズを買いあさる人は、どうしても「邪気」がたまりやすいと言えます。

なぜなら、あちこちでお守りを買い集めるような人は、常に心に不安を抱えているからです。「どこかに車をぶつけたらどうしよう」「追突されるかもしれない」「厄払いしてないから、悪いことが起こるかも……?」などと、いつもネガティブな考えが頭を占領している状態です。そうなると「邪気」はどんどん生まれます。

「邪気」は、運気をマイナスに引っ張りますから、次第に運も下がっていきます。

脳はいつも考えていることを実現させるという性質上、心配していたとおりの「よくないこと」が起こる可能性が高まってしまう状態に陥ってしまうのです。

私はこうした、まじめな人たちこそ「ひとりお祓い」を、まず実践していただきたいと思っています。

「邪気」を祓い、「邪気」を生み出さない心を身につければ、運勢的にはどんな時期でも「自分は大丈夫!」と思えるようになります。

自分を信じることができれば、開運グッズに頼らなくても、運気はどんどんプラスに向かっていきます。

第2章

「邪気」を生み出しやすい人の6つの習慣と対策

私たちがハマりがちな6つの邪気の沼とその対策

第1章では、あなたの人生によくないことばかりが起こる大きな原因となっている「邪気」についてお話しました。

「邪気」が、私たちの内側、外側の両方から影響を及ぼし、どんな原因で「邪気」が生まれてしまうのか理解できたはずです。

本章では、どんな人が「邪気」を生み出しやすく、ため込みがちなのか、6つの大きな特徴を挙げて、さらに詳しくご紹介していきましょう。

ここで挙げる6つは、「え、こんなことで？」と気づきにくく、知

らぬまについ、皆さんが日々の生活のなかでしてしまいがちな習慣を選んでいます。

「人の悪口を言ったり、不平や不満をつぶやいたりすることはあまりないのに、なぜかいつも心がどんよりして運気がよくならないんです」

「開運行動を心がけているつもりなのに、なぜか運が落ち込んだままなんです」

などと言う人に私はよく出会います。

よく話を聞くとそんな人は、間違いなくこの6つのうちのいずれかや、いくつもを知らず知らずのうちに行っています。

もし本章で述べる6つのいずれかに当てはまり、「邪気」をため込んでいた場合は、対策も併せてお伝えしています。

ぜひ、取り入れて「邪気」を祓っていきましょう。

邪気を生み出しやすい人①

SNSでショート動画をよく見る

最近では、TikTok（15秒から最長で10分）、Instagram（最長90秒のリール）、YouTube（180秒以内）など、SNSでは15~90秒のショート動画が中核的なコンテンツになっています。

実は、こうしたショート動画は、1本1本の長さはたった数十秒と短くても、合計すると数十分も見続ける人が多いのが特徴です。

ある調査では、およそ半数近くの人が1日に30分近くショート動画を見ており、4割近い人が1時間以上も視聴しているとの結果が出ています。

皆さんも、
「気づいたらスマホの動画をずっと見ていた……」
なんて経験があるのではないでしょうか。

ショート動画は、時間が短いことから気軽に「ちょっと見てみよう」と手を伸ばしやすく、一度見始めると次々とスクロールしてしまいがちです。

ひとつの動画を見ると、プラットフォームのＡＩが、その人の好みそうなものをどんどん提案してくるため、つい見続けてしまうというサイクルができあがります。

心理学雑誌に掲載された研究結果では、ショート動画の視聴時間が長引けば長引くほど睡眠の質が悪化し、さらに、無意識のうちに自分と他人を比較するなどの結果、自信を失い不安を増大させることもわかっています。

もちろん、ショート形式でない発信でも同様のことが起こる可能性はあります。

でも、**短い動画で次々と大量の情報を目にすることで、不安が増大しやすい傾向が高くなることは間違いありません。**

さらに、**気軽なヒマつぶしのように思えるショート動画の視聴は、多くの刺激や情報が含まれているため、思った以上に脳や精神を疲労させます。**

精神的にも肉体的にも疲労が蓄積するだけでなく、気づかずに浴びている強い光の影響によって睡眠の質が悪化し、疲れが抜けにくくなります。

こうして疲れた心はさらにネガティブな思考になりやすく「邪気」を生み出しやすい状態を生みます。

ショート動画を見続けないようにするポイント

ショート動画は中毒性が高いため、時間や場所を決めていてもつい、アプリを開いてしまうかもしれません。

私は「つい見てしまう」ことがないように、TikTokなどのアプリは、スマホからすべて削除しています。

どうしても見る必要があるときは、面倒ですが、あえてパソコンを利用し、目的を果たしたら、すぐにやめるようにしています。

こうすることで、ショート動画の視聴は劇的に減少しました。皆さんもスマホのSNSアプリは削除することをオススメします。

どうしても削除するのをためらわれたら、もうひとつ、私がオススメするのがスマホの画面をグレースケール設定にして、あえて白黒にする方法です。

つい動画を見てしまっても、白黒では動画内容を十分に楽しめないため、自然と動画を見る機会が減っていくでしょう。

他にも、自分で決めた時間以外に見ることがないように、SNSのプッシュ通知をオフに変更したり、午前中だけ機内モードをオンの設定にしたりする方法なども有効です。

邪気を生み出しやすい人②

毎日シャワーしか浴びない

あなたはもしかしたら、本項の見出しを見て「え⁉ これ、〝毎日シャワーを浴びていない人〟の間違いじゃない？」と思ったでしょうか。

でも、間違っていません。「毎日、シャワーを浴びていても、湯船につからない人」は「邪気」を生み出しやすいのです。

シャワーを浴びるのは「清潔にする」という目的には適っています。

ただ、シャワーを浴びるだけで終わらせてしまうと、湯船につかることで得られるたくさんの恩恵を逃してしまい「邪気」が生まれやすくなるのです。

風水では、お風呂は「〝邪気〟を落とす場所」とされています。

1日の終わりにゆっくり湯船につかることで、シャワーでざっと洗い流すよりも、その日に生まれた「邪気」を祓い、浄化する効果が高まります。

だからこそ、毎日シャワーで終わらせず、湯船につかってしっかりと「邪気」を落としてほしいのです。

ぬるめのお湯（38～40°）にじっくりとつかれば、自律神経のうち副交感神経が活性化されます。副交感神経が優位になると、心はリラックスモードになりますので、イライラが落ち着き「邪気」を祓うことにも一役買います。

入浴を「邪気祓い」にもっと有効活用するためには、お風呂に天然の塩を適量入れるといいでしょう。

塩には浄化効果と同時に、体を温める作用も備わっています。

血流がよくなれば、新陳代謝が活発になり、体内のデトックスや修復機能も高まるので一石二鳥です。

お風呂で邪気を祓うためのポイント

湯船につかってもらうことが大前提ですが、一人暮らしだと湯船に入る時間が足りない、また水道代が気になってしまう人もいるかもしれません。

そんな人はシャワーを浴びているときに「ツイてる」「ありがとう」などの天国言葉を唱えましょう。これは第4章で述べるように、言霊の力を使って邪気を落としやすくする方法です。シャワー＋言霊をセットにして少しでも邪気を祓うのです。

その他、お風呂場で使う、シャンプーやボディソープなどは、床に直置きしないようにしましょう。

ヌルヌルとした水垢は「邪気」の温床になります。

お風呂場を清潔に保つのはもちろん、曇りがちな鏡もしっかり磨いてあげましょう（第3章参照）。

また、その日のうちにお湯を沸かしなおして、家族で使うのは構いませんが、翌日までそのままお湯を持ち越さないようにしましょう。

せっかく落とした「邪気」まで翌日に持ち越すことになってしまうからです。

残り湯を洗濯に使うのも、あまりオススメはできませんが、もし使うのであれば、塩をひとつまみ入れたものを使用してください。

邪気を生み出しやすい人③

自分がガマンをすればいいと思う

たくさんの方の悩みをうかがっていると、無意識のうちにガマンを重ねてつらい思いをしている人がとても多いと感じます。

特に「え、わたし、何もガマンなんてしていません」と言う人ほど、よくよくお話をうかがうと、ガマンばかりして「邪気」を生み出しています。

たとえば、どんなときにガマンをしているかというと、

・**もう帰ろうと思ったときに仕事を頼まれて、断れずにガマン**

- **並んでいる列に割り込まれたけど「怒っちゃいけない」とガマン**
- **欲しいモノがあっても、節約しなくちゃとガマン**
- **脂っこいモノは食べたくないと思っているのに、彼氏が「トンカツ食べたい」というのでガマンして付き合う**

など、例を挙げたらキリがありません。

多くの人は「何かとてもつらいことに耐え忍ぶ」のがガマンだと思っているため、この程度のことだとガマンのうちに入らないと思うのかもしれません。

無意識にガマンする人は日本的な文化が関係していることはよく知られています。日本では昔から「ガマンは美徳」「ガマンすれば報われる」という考えが根付いているため、ガマンすればそのうちいいことがあると考えがちなのも、ガマンを重ねる理由のひとつだと考えられます。

でも、**私に言わせれば「ガマンすれば報われる」どころか、ガマンをすればするほど、抑えつけたネガティブな感情が心に積もり「邪気」**

を生み出します。

これは貯金にたとえるとわかりやすいかもしれません。

通常であれば、銀行に預ければ少なからず利子がついて元本が増えます。

しかし、ガマンを貯金すると考えたらどうでしょうか。

ガマン貯金は幸せの利子を生み出すどころか、「邪気」によって幸せの元本までどんどん減らしてしまう、不幸を招く行為なのです。

不要なガマンに気づくためのポイント

ガマンとは、ほんとうの自分の気持ちや意思を抑えつけることです。あまりにも長い間、ガマンを重ねたために「自分はほんとうは何がしたいのかわからない」「何が欲しいのか浮かばない」という人は少なくありません。

不要なガマンに気づくためには、何か行動を起こすときがポイントです。

行動を起こそうとする度に、まずは「自分はどうしたいのか」を聞くクセをつけるのです。

たとえば、同僚とランチに出かけて、みんなが「パスタランチ」と言ったとしても、自分はほんとうは何が食べたいのか問いかけてみましょう。

家族で冬休みに旅行に行こうとなったときも、「自分はどこに行きたいか」を考えてみてください。

やみくもに自分の気持ちを抑えるのではなく、まずは自分に問いかけること。それからその場の状況に合わせて、どうするかを決めればいいのです。

邪気を生み出しやすい人④
毎朝、時計代わりにニュースを見る

朝、起きたら、まずテレビのスイッチをオンにしていませんか。

時計代わりにテレビをつけっぱなしにして、朝の支度をするのが習慣になっている人も多いはずです。

これ、実は「邪気」という観点からは、とてもよくない習慣のひとつです。

先にお話ししたように、一般的なニュース番組などが流すのは、事故や災害、芸能ニュースなど、マイナスの情報が多くを占めます。

そんな番組を、朝からボーッと眺めていたら頭のなかはネガティブで埋まり、知らず知らずのうちに思考がマイナスに傾く……というのは本書をお読みの皆さんならもうおわかりですね。

一方で、**テレビは見なくても、スマホをアラーム代わりにして、目覚めたらベッドのなかで、まずニュースなどをチェックするという人にも同じことが言えます。**

実は人間は、普通に暮らしていると考えることの95%が、心配や不安、人との比較や自分責めなどの、ネガティブな感情になると言われています。

つまり、意識してマイナスの情報を遮断し、心構えをポジティブに変えないと、ネガティブの塊になってしまうのです。

この場合、ネガティブな情報を朝一番に取り入れているという点に加え、不要な電磁波などを睡眠中に浴びていることもよくないポイントのひとつです。

スマホから出ている電磁波は、ほんらい自然界にはないものです。それを毎日浴び続ければ、私たちの体が細胞レベルから知らず知らずのうちに悪影響を受けていてもおかしくありません。

ちなみに私はというと、朝は「その日の気分や行動を左右する大切な時間」と考えて、ニュースなどはチェックせず、掃除をしながら言霊を唱えたり、その日の予定を確認したりする時間にあてています。

以前は、スマホを目覚まし代わりにしていましたが、いまでは、アラームのついた置き時計を購入し、スマホは寝室には持ち込まず、別室に置いて眠るようにしています。

朝から「邪気」を生み出さないようにするポイント

スマホはできるだけ、寝室に持ち込まないようにして「邪気」が発生する要因を減らしましょう。

ひとり暮らしの場合は、睡眠前にスマホに触れないようにベッドに持ち込まずにデスクやテーブルの上などに置くようにするとよいでしょう。

睡眠トラッカーなどの、就寝中に使用するアプリがある人は、それ以外の通知などはオフにします。

できれば、目覚ましには専用の時計を使い、テレビとスマホをアラームや時計代わりにしないようにすることをオススメします。朝起きて、音がないと目が覚めないという方は、テレビの代わりに好きな音楽を聴くのもいいでしょう。

テレビにも、お天気専門チャンネルや経済チャンネルなど、よけいな情報を含まない番組はたくさんあります。

もし、どうしてもテレビを見たい方は、番組を選んで「邪気」が生まれるのを防ぐのが大切です。

邪気を生み出しやすい人⑤

化学物質を体に取り込む

近年、柔軟剤による「香害」が話題になっています。

「香害」とは、単に香りが強すぎて周りが迷惑するだけでなく、柔軟剤に含まれる合成香料が健康被害を引き起こすことを言います。

詳しいメカニズムは、まだ解明されていませんが、合成香料に含まれる成分が頭痛や倦怠感、吐き気、動悸《どうき》、じんましんなどの症状を引き起こすとされています。「香害」を受けて、さらに症状が悪化すると「化学物質過敏症」という病気を発症することもあります。

「化学物質過敏症」になると、世のなかにあふれる、ちょっとした量の化学物質にも反応し、ひどいケースでは精神不安定や外出困難といった状態にまでなることがあります。

化学物質は、いまや生活のあらゆる場面で使用されます。

合成の洗剤や柔軟剤はもちろん、衣類の染料、建物の塗料、食器、調理器具など、そして医薬品も化学物質の一部だと言えます。

人間の生活を便利で豊かにしてくれている化学物質のなかには、人体に悪影響を与えるものも多く存在しています。

私は、このような化学物質を大量に体に取り込むことも「邪気」を生み出すと考えています。

なぜなら、長期的に摂取してどんな影響があるのか不明なものが多いですし、人間の体は自然界にないものを大量に分解できるようになってはいないからです。

そのため私は基本、必要以上の化学物質を体内に取り入れるのは、避けています。

言うまでもなく、体に負担となるものを取り入れるのは、体にとって大きなストレスです。

知らず知らずのうちに大きなストレスを与え「邪気」を生み出すものは、できるだけ避けて「邪気」をつくりださないようにするべきでしょう。

このようにお伝えすると、「サプリメントを飲むこともよくないんですか?」と言われます。

たしかにサプリメントは人工的につくったものですが、私自身、健康によいとされるサプリメントを毎日飲んでいますし、そもそもスーパーに置いてある野菜にだって農薬といった化学物質は使われています。それよりも、効果的に栄養を摂取できるのならば、サプリメントを利用するという選択もよいことだと考えます。

化学物質を減らすためのポイント

柔軟剤以外にも、体に直接使うものには、食器洗いの洗剤やシャンプー、ハンドソープなどがあります。

生活のすべてから化学物質を取り除くことは難しいでしょう。それこそ生活が不便になってストレスがたまったら元も子もありません。

できる範囲で、天然成分からつくられたものを選びましょう。

また、毎日口にするもののひとつに、塩や醤油などの調味料があります。

調味料は、使用する量がさほど多くないため、一般的な食材よりは長持ちします。多少、高価に見えても、天然のものを選ぶといいでしょう。

コンビニのお弁当やファストフード、そして冷凍食品なども、忙しいときは便利ですよね。

時間がないときは、こうした食品に頼ってもいいと私は考えます。

ただ、時間があるときは、なるべく加工されていないものを食べるようにしてメリハリをつけるといいでしょう。

邪気を生み出しやすい人⑥

引き出しのなかがゴチャゴチャ

身の回りをきれいにして、心をすっきりした状態に保つようにしているという人は本書の読者では多いことでしょう。

ただ、デスクの上は片付いているのに、引き出しを開けたら中身がゴチャゴチャなんてことありませんか。

自宅で言えば、ダイニングのテーブルの上はキレイなのに、冷蔵庫のなかは、賞味期限切れの調味料や食材がパンパンに詰まっているといった状態です。

そのような人は「邪気」を生み出しやすいと言えます。

最も大きな理由は、単純に片付いていない場所には「邪気」がたまりやすいからです。

ごちゃごちゃとした場所が目に入ると、脳はストレスを感じます。

誰でもホテルの部屋のようなすっきりと片付いた部屋にいると、心が落ち着きますよね。これはなぜかというと脳は、ほんらい秩序だった状態を好むからです。

人間は視覚から8割の情報を取り入れていると言われており、片付いていない場所が目に入ると、それだけで脳に負荷がかかります。そして、知らず知らずのうちにネガティブな感情が膨らみ「邪気」を生み出すのです。

「邪気」を祓いたいなら、部屋や自分のデスク周りなど、身の回りの環境の片付けや掃除はとても大切です。

「断捨離」や片付けなどのブームが定期的に訪れることからも、なんとなくでも、片付けや掃除が運気を高めることは、気づいている人も多いはずです。

ただせっかく片付けや掃除をするなら「あと一歩」のところでやめないで、最後まで徹底してキレイにしてほしい。

「ここまでやったから、まぁいっか」と、放置してしまう場所から、もやもやと「邪気」が生まれ、あなたの心にまで影響を及ぼすからです。

引き出しのなかや冷蔵庫以外にも、見えない部分の代表として、家のなかであれば、ベッドやソファの下、使わないものをしまっている納戸なども、定期的に掃除をしましょう。食材をストックしている場所、紙袋やビニール袋をしまっているところも、整理していらないものは処分しましょう。

見えない部分も片付けるためのポイント

本書の読者は断捨離に興味があったり、実際にされている人も多いかもしれません。ただ、それは表面上の断捨離に終わっていないでしょうか。

もしもこの言葉に「ドキッ」としたなら、ぜひこの機会にやってみてください。

一度、スッキリと片付ければ、毎日、整理整頓しなくても、ある程度の期間は、キレイな状態を維持できるはずです。

どうしても「時間がない」という方は、「1日5分」など、時間を決めて少しずつ片付けるのもいいでしょう。

最近、SNS上で「福活（拭く活）」という、棚や床などを拭いて磨いて幸運を引き寄せようという活動を目にします。

拭き掃除をする機会はなかなかないかもしれません。でも、見えないところまですっきりと片付き、壁や床などがピカピカに磨き上げられた家は、「邪気」を祓えるのはもちろん、そこにいるだけで運気が上がるパワースポットになります。

余裕があれば、片付けるついでに、さっと拭いてみるのもいいでしょう。

column

人生うまくいく人の考え方はシンプル

私は「人生うまくいっている」人の考え方はとてもシンプルだと思っています。

たとえば、何か新しいことにチャレンジしようとするときをイメージしましょう。

人生がうまくいっている人は、ただ「やってみよう!」と考えます。

トライしてみて「自分には合わない」と思ったらやめればいいし、楽しかったらもっと、深めていけばいいだけです。

また、新しい何かを始めると、これまでに経験したことがない課題に突き当たるときもあるでしょう。

そんなときも「あ~、やっぱりトラブルか。やらなきゃよかった……」などとは思いません。「この課題は、自分に何を教えてくれているのかな?」と、成長のチャンスととらえてクリアしていきます。

一方で、なかなか人生が前に進まない人は、あれこれと考えて迷います。

興味がある何かがあったとしても「こうなったらどうしよう」「あんなことが起きたら大変だよね」と、始める前から心配します。

近年では、インターネットでいろいろなことが検索できますから、不安になって情報を集め「やっぱり大変そうだから、やめよう……」となってしまう人を、私は何人も見てきました。

こうして、行動する前からうまくいかないケースを想定しすぎて、前に進めなくなるのです。

大切な自分の基準を見失わないでください

先日、このようなことがありました。

家電量販店にスマホのケースを買いに行ったときのことです。

お店には、何百種類ものケースがあり、見た瞬間にその量に圧倒されて「選べないかもしれない」と思いました。

でもそこで「軽くて、シンプルで、落としても保護してくれるもの」という自分の基準に立ち返ると、比較的すんなりとひとつを選ぶことができたのです。

人生をうまくいかせたいと思う人は、この簡単な例と同じです。

「自分の人生をどうしたいか」

この基準を持つことが重要です。

「自分がどうなりたいか」という自分軸に従っていけば、たとえノイズがあふれる環境にいようとも、よけいな情報に惑わされること

が少なくなります。

本書でお伝えしている「ひとりお祓い」を実践して「邪気」を祓っていくと、心のもやもやが少しずつ晴れてきます。そして「自分がどうしたいか」が見えて、その方向に真っ直ぐ進める可能性が高くなります。

第3章

【掃除】で邪気が寄りつかないお家に整える

～「ひとりお祓い」をする～

「ひとりお祓い」の効果を最大にする「三位一体クリアの法則」

それではお待たせしました。

本章から「ひとりお祓い」の方法を詳細に解説していきます。

私が提唱する自分一人でできる「ひとりお祓い」は、その効果を最大限にするために、3つの要素から成り立っています。

それは次の通りです。

「掃除（Clean）」

「言霊（Cotodama）」
「思考（Conscious）」

この3つをまとめた法則が本書ですでにお伝えている「三位一体クリアの法則」です。英語で言うと、いずれも頭文字が「C」です。そのため、「3つのC」で「邪気」を祓うと言ってもいいでしょう。

私のもとに「頑張っているのに、なかなか人生がうまくいかない」「思ったように人生が好転しない」と相談に来られる方は、必ずこの3つの要素のどこかに課題があったり、力を入れていなかったりする分野があります。

「三位一体クリアの法則」で人生が好転した人

たとえば、30代の涼子さんは、数年前に立て続けに不運なできごとが続いた時期がありました。

キャリアアップをしようと、朝から夜遅くまで仕事をこなし、一生懸命に働いていたのに、なかなか評価されない。

納得できない気持ちから、付き合っていた相手にグチを言い続けていたら、別れることになってしまいました。

結婚を考えていた相手がいなくなり、寂しさからネコを飼うことにしたら、忙しくて構ってもらえない不満からか、ネコは留守番中に部屋を荒らしたり、トイレでない場所で排泄《はいせつ》したりします。

さらには、そんなときに父親がステージ4の大腸がんだということが判明し、涼子さんは心労から倒れて、出社できなくなってしまったのです。

涼子さんの場合、「掃除（Clean）」「言霊（Cotodama）」「思考（Conscious）」のうち、きれい好きだったため「掃除（Clean）」は問題なかったのですが、他の2つに課題がありました。

私はそのことを説明し、それぞれに取り組んでもらうようにお話ししました。

すると、**1年も経つころには、かなり「邪気」が祓われて人生に大**

きな変化が起こります。まず、父親が奇跡的に回復し、涼子さんは安心して別の会社で仕事に打ち込めるようになりました。

さらに、新しい会社では動物好きな男性と出会い、その人とお付き合いを始めることになりました。涼子さんの暮らしが落ち着くと、ペットのネコの気持ちも落ち着いておだやかになるなど生活が好転していったのです。

いかがでしょうか。

「掃除（Clean）」「言霊（Cotodama）」「思考（Conscious）」、これらは三位一体で行うことで、爆発的な相乗効果を生み出します。

どれが1番で、どれが2番目といった順位はありません。

どれも「ひとりお祓い」のキホンであり、続けることで「邪気」を祓うだけでなく、内側から生み出しにくい体質に変わっていきます。

自分に欠けているのはどこかを見つけ、力を入れることで「邪気」を一掃することができ、人生が大きく変わります。

「三位一体クリアの法則」「掃除（Clean）」のキホン

「掃除（Clean）」で主にやるべきことは、家をキレイにすることです。

散らかったり汚れたりしている場所に「邪気」が宿りやすいのは、容易に想像ができますよね。

皆さんは、「掃除は最高の神事」と言われているのをご存知でしょうか。

現代では年末に行う「大掃除」の起源である「煤払《すすはら》い」は、家をキレイにして新年を迎えるというより、1年の福を授けてくださる年神さまを迎えるために家を清める目的で行われていました。

つまり、**住む家の「邪気」を祓い、幸運を授けてくださる神さまをお迎えするために、掃除は欠かせない行為なのです。**

実際、全国的に有名で、多くの人がご利益を求めて参拝する伊勢神宮や出雲大社などの神社は、ホコリひとつないほど、キレイに掃き清められています。

一方で、あまり人が寄りつかない寂れた神社は、ゴミが散乱していたり蜘蛛の巣が張っていたりするでしょう。

同じように、ホコリだらけの家には神さまは寄りつかず「邪気」がどんどん生まれるばかりです。

「邪気」を祓い、幸運を呼び寄せるために掃除は基本中のキホン。

そうして、**家のあらゆる場所をキレイにして、日常的に「邪気」を祓っていると、家のなかがパワースポットのように、そこにいるだけで運気を上げてくれる場所になるのです。**

家中くまなくキレイになっているのが理想ですが、本章では特に大切なポイントとなる場所について次ページから説明していきます。

幸運の入り口「玄関」は最重要エリア

「邪気」を祓うために、最も重要なポイントのひとつが玄関です。

よく「トイレは金運と関係している」と言われているため、熱心に掃除する人が多いです。

でも、**よい運気も「邪気」も、すべて玄関を通って家のなかに入ってきます。**キレイに整えられた玄関は幸運を招き、乱雑で汚れた玄関は「邪気」を呼び寄せます。

玄関を整えることは、トイレをキレイにすることと同じくらい重要なポイントというわけです。家中すべてすっきりするのが難しいという人でも玄関だけは最高の状態にしておきましょう。

「玄関」のお祓いポイント

「邪気」を祓い、幸運を呼び寄せる玄関にするためには、とにかくできるだけモノを減らしてすっきりとさせることです。

必須アイテムは、玄関から入ってくる悪い気を吸収してくれる玄関マットです。観葉植物は玄関に置いておくことで、外出前後に家の人のエネルギーを充電してくれるでしょう。また、玄関は明るいほどよいので、照明は明るい器具を使いましょう。

よく、家のカギや車のキーなどを、無造作に置いておく人がいますが、引っ掛けておくようなフックをつけたり、トレイを用意して置いたりするなど、場所を決めておきましょう。郵便物や段ボールなどの置き場所にするのはNGです。

靴や傘はきちんと収納スペースをつくり、骨が曲がったり折れたりしているビニール傘などは処分しましょう。私に相談してくださった方のなかには30本の傘が家にあったので処分してもらった方もいました。

もし何か飾りたいのであれば、お気に入りのモノだけに絞り込みます。

私は、玄関を整えることの重要性を知ったあとは、まだ一人暮らしでワンルームの部屋に住んでいたころから、玄関に置く靴は1足だけと決め、毎日、玄関ドアやたたきを磨き上げていました。

玄関がピカピカになると、心がすっきりするだけでなく、その日1日がいい日になるような気持ちになれるからです。

NG玄関

照明が暗い
ドライフラワーが飾ってある
ダンボールなどのゴミが置かれている
郵便物が放置されている
家族の人数分以上の靴が散乱している
使っていないビニール傘がたまっている
玄関マットがない

OK玄関

照明が明るい
観葉植物
がある
よけいなモノが
置かれていない
たたきがピカピカに
磨き上げられている
玄関マットが
敷いてある
家族の人数分
だけの靴が並
んでいる

邪気を落とす「トイレ」は紙類に要注意

「トイレ」は金運と大きく関連していると言われます。

でもなぜ、トイレをキレイにしておくと金運がアップすると言われるのか、不思議に思う人もいるかもしれませんね。

実は、トイレの神さまである烏《う》枢《す》沙《さ》摩《ま》明王《みょうおう》は、不浄を浄化し金運を上げてくれるとされています。そのため、トイレを清潔に維持し、烏枢沙摩明王に感謝をすることで、金運がよくなっていくのです。

また、そもそもトイレは「厄」を落とす場所です。自分の身体から出た「邪気」

を流す場所を、汚れたままにしておいたら悪い気が充満してしまいます。

「トイレ」のお祓いポイント

トイレを「ゆっくりする場所」と考える人は少なくありません。でも、トイレは「邪気」を落とす場所ですから、必要以上の時間を使って、本を読んだりスマホを見たりしていると、「邪気」の影響を受けやすくなってしまいます。

トイレに置くものは、専用のスリッパです。床に落ちている悪い気を直接もらわないようにする役割があります。ほのかに香る程度にラベンダーの香りがする芳香剤などを置くと、「邪気」を吸い寄せずに済むのでオススメです。

トイレで用が済んだら、フタを閉めて流し、速やかに出て別の場所でリラックスしましょう。

また、**カレンダー、本、家族写真などの紙類は「邪気」がたまりやすいと言われています。**紙が「邪気」を吸い取ってそこに滞留してしまうのです。

できるだけトイレには置かないようにし、とくに家族写真は家族に災いが起こるとされているので、リビングに置きましょう。トイレットペーパーのストックなども、ひとつか2つ置いておく以外は、トイレの外の棚にしまうことを心がけましょう。

トイレ掃除をするとき、便器のなかは熱心に磨いても、水しぶきが飛び散りやすい床や壁には無頓着な人が少なくありません。意識してキレイにすると「邪気」を祓えるだけでなく、ニオイの原因も減少するはずです。

このときのワンポイントは、烏枢沙摩明王に「オンクロダノウウンジャクソワカ」とマントラを唱えながら掃除することです。ありえない奇跡が起きる、と言われていますよ。

NGトイレ

家族写真を
置いている
日めくりカレンダー
が飾ってある
トイレにいる
間に読む本が
置いてある
フタが
開けっぱなし
トイレットペーパー
のストックが山積み
トイレ専用の
スリッパがない

OKトイレ

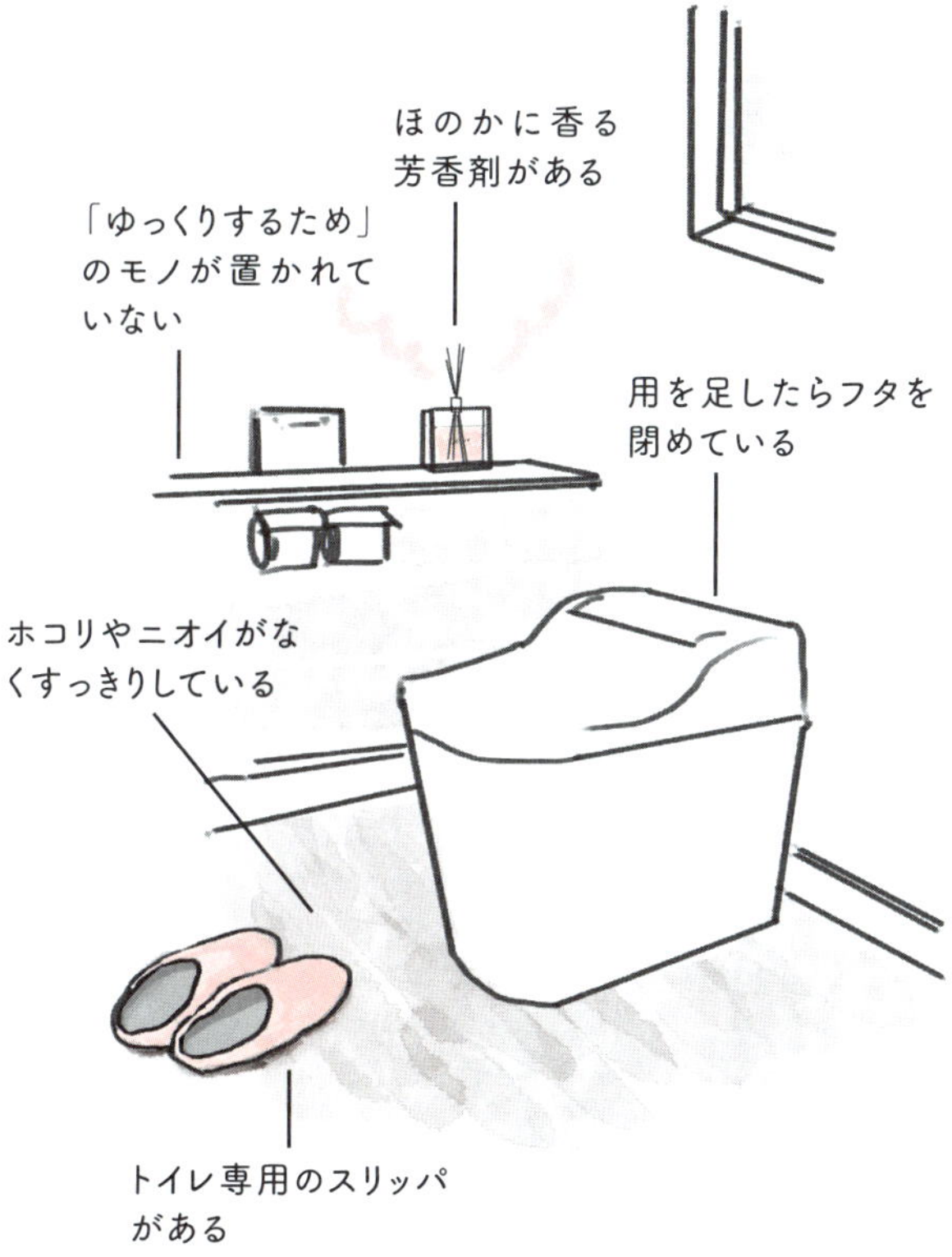
ほのかに香る
芳香剤がある
「ゆっくりするため」
のモノが置かれて
いない
用を足したらフタを
閉めている
ホコリやニオイがな
くすっきりしている
トイレ専用のスリッパ
がある

幸せな人は「キッチン」をキレイに維持する

陰陽五行《いんようごぎょう》という中国の考え方では、水と金という元素はお互いをパワーアップさせる関係にあると言われています。

そのため、トイレに限らず、**キッチンやお風呂場などの水回りを清潔にしておくことで「邪気」を祓いつつ、金運を高めることができます。**

また、昔から食べることは豊かさを表していると言われています。キッチンは食べるモノを調理する場でもあるので、自分だけではなく家族の健康運にも深く関わっています。

「キッチン」のお祓いポイント

キッチンはコンロの「火」やシンクの「水」といった相対する属性が同じ空間にあるため気が乱れやすいです。こうした環境にはコットン素材のキッチンマットや観葉植物を置くことで、それが緩衝材となることで気の流れがよくなって、悪い気が生まれづらくなります。

また、浄水器を使うと、体のなかがきれいな水で満ちて気の流れもよくなるのでオススメです。

私はたくさんの幸せなお金持ちの家を見てきましたが、どのお家もキッチンがキレイで食器が見えるところに置かれていないというのが共通点です。

賞味期限の切れた調味料や、いつ冷凍したかわからない食材などは処分するタイミングを見失いがちですが、思い切って整理しましょう。

使用した食器はその都度、早いタイミングで洗うようにします。忙しければ、水でさっと流して食洗機に入れておくのでもいいでしょう。

ゴミはできればフタができるゴミ箱に捨てましょう。

ヒビが入ったり欠けたりしている食器は、ケガのリスクがあるだけでなく、そこから「邪気」を生み出します。欠けているものは不完全（＝使用期限を越えている）だからです。たとえ気に入っていても、なものだとしても、新しいモノと交換しましょう。

もう1点、「邪気」を祓い運気を上げるキッチンにするためのポイントがあります。それは、**買い物から帰ってきたり、外出から帰ってきたりしたとき、お財布をキッチンに置きっぱなしにしないということです。**

キッチンでは「火」を使うことが多いため、「火」の気が「金」の気を溶かし、金運のない財布になってしまいます。

お財布は、暗くて静かな場所を好むと言われていますので、寝室やクローゼットのなかなど、キッチン以外の場所で定位置を決め、いつも同じ場所で休ませてあげるといいでしょう。

NGキッチン

欠けたり、ヒビが
入ったりした食器
をそのまま使う
冷蔵庫に賞味
期限の切れた
食材がある
コンロと換気扇が
油でベタベタ
包丁を
出しっぱなし
フタのないゴミ箱
を使っている
キッチンマット
がない

OKキッチン

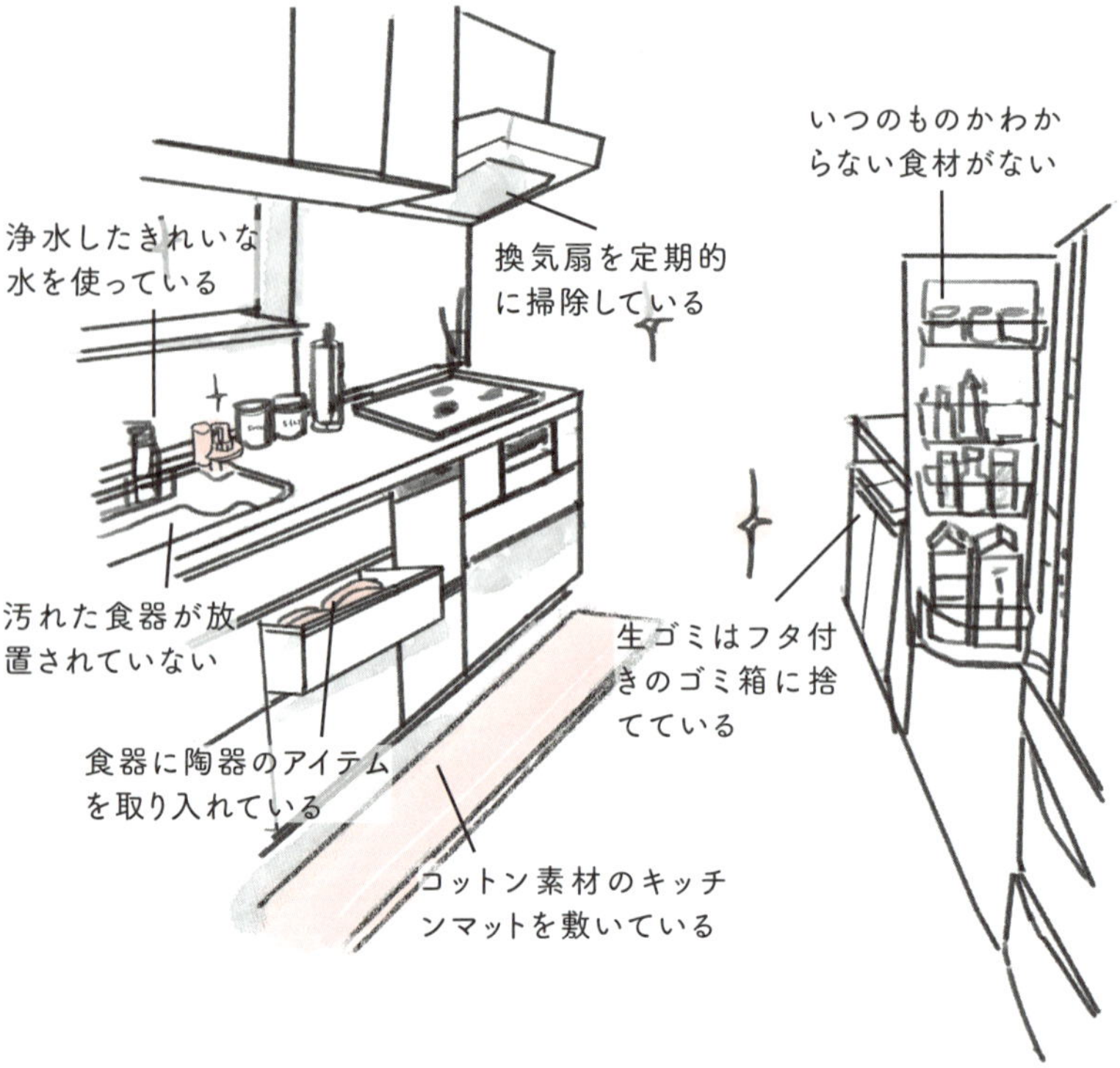

浄水したきれいな
水を使っている
換気扇を定期的
に掃除している
いつのものかわか
らない食材がない
汚れた食器が放
置されていない
生ゴミはフタ付
きのゴミ箱に捨
てている
食器に陶器のアイテム
を取り入れている
コットン素材のキッチ
ンマットを敷いている

邪気を洗い流す「お風呂」でしたいこと

お風呂は、その日に浴びた「邪気」を落として、心と体を清められる場所です。人は寝ている間にも「邪気」を放出して、運気の入れ替えをしていると言われています。そのため、**寝る前にしっかり「邪気」を洗い流しておかないと、「邪気」の残った体では十分に運気を循環させることができなくなります。**

朝にシャワーを浴びるのが習慣の人もいるかもしれません。でも「ひとりお祓い」の効果を高めるという観点からは、1日の終わりにしっかり湯船につかることをオススメします。

「お風呂」のお祓いポイント

お風呂場は、湿気がこもりやすく、水アカがたまったり、カビが生えたりなどしやすい場所です。

鏡が水アカで曇っていると、映った人のエネルギーをダウンさせますし、シャンプーなどを床に直に置いていると、次第に底にヌルヌルしたカビが生えてきます。

他にも、カビが生えたり、髪の毛がたまったりしていると、そこから「邪気」が発生します。

お風呂場は、入浴するたびにこまめに掃除し、悪い気が浴室にこもらないように入浴したあとは積極的に換気をしましょう。

特に、お風呂のお湯を抜くときには「ありがとう。邪気よ、さようなら」と声に出すといいでしょう。

忘れがちなのがお風呂のフタです。使わずに置いておくと、知らず知らずのうちにカビが生えてしまいます。フタを使わない場合は、キレイに洗ってどこか別の場所にしまっておくといいでしょう。

大切なポイントなので繰り返しますが、落とした「邪気」は、お湯に残っているため、できるだけその日のうちに使い切って流すようにしたいものです。どうしても、翌日の洗濯などに使いたい場合は、塩をひとつまみ入れて浄化してから利用してください。

なお、お風呂に入るときは、「邪気」は息と一緒に吐き出せるので、湯船に浸かりながら大きく深呼吸するといいでしょう。深く息を吸い、口から邪気を吐き出すイメージです。

1日の疲れとともに「邪気」を手放しましょう。

NGお風呂

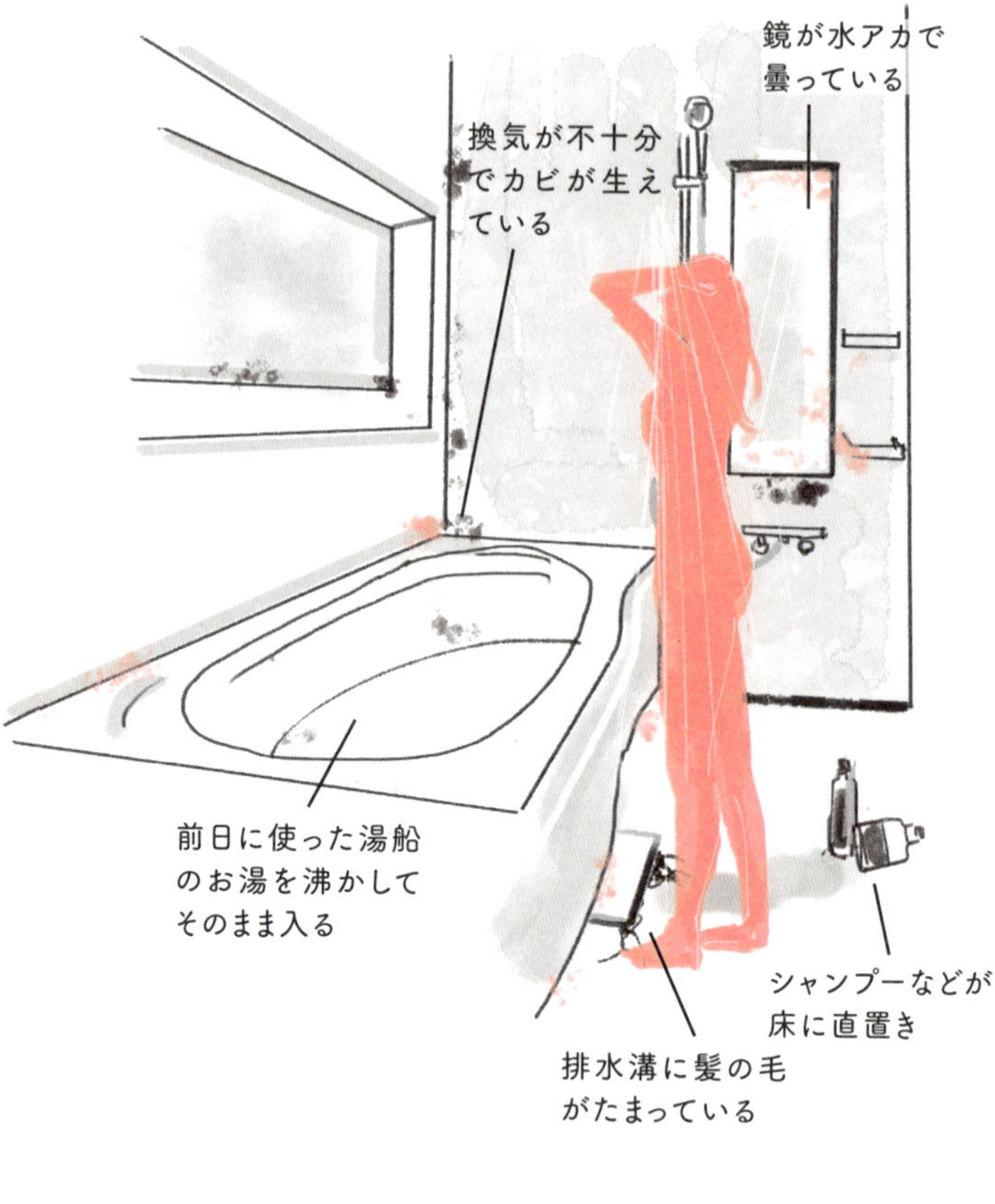
鏡が水アカで
曇っている
換気が不十分
でカビが生え
ている
前日に使った湯船
のお湯を沸かして
そのまま入る
シャンプーなどが
床に直置き
排水溝に髪の毛
がたまっている

OKお風呂

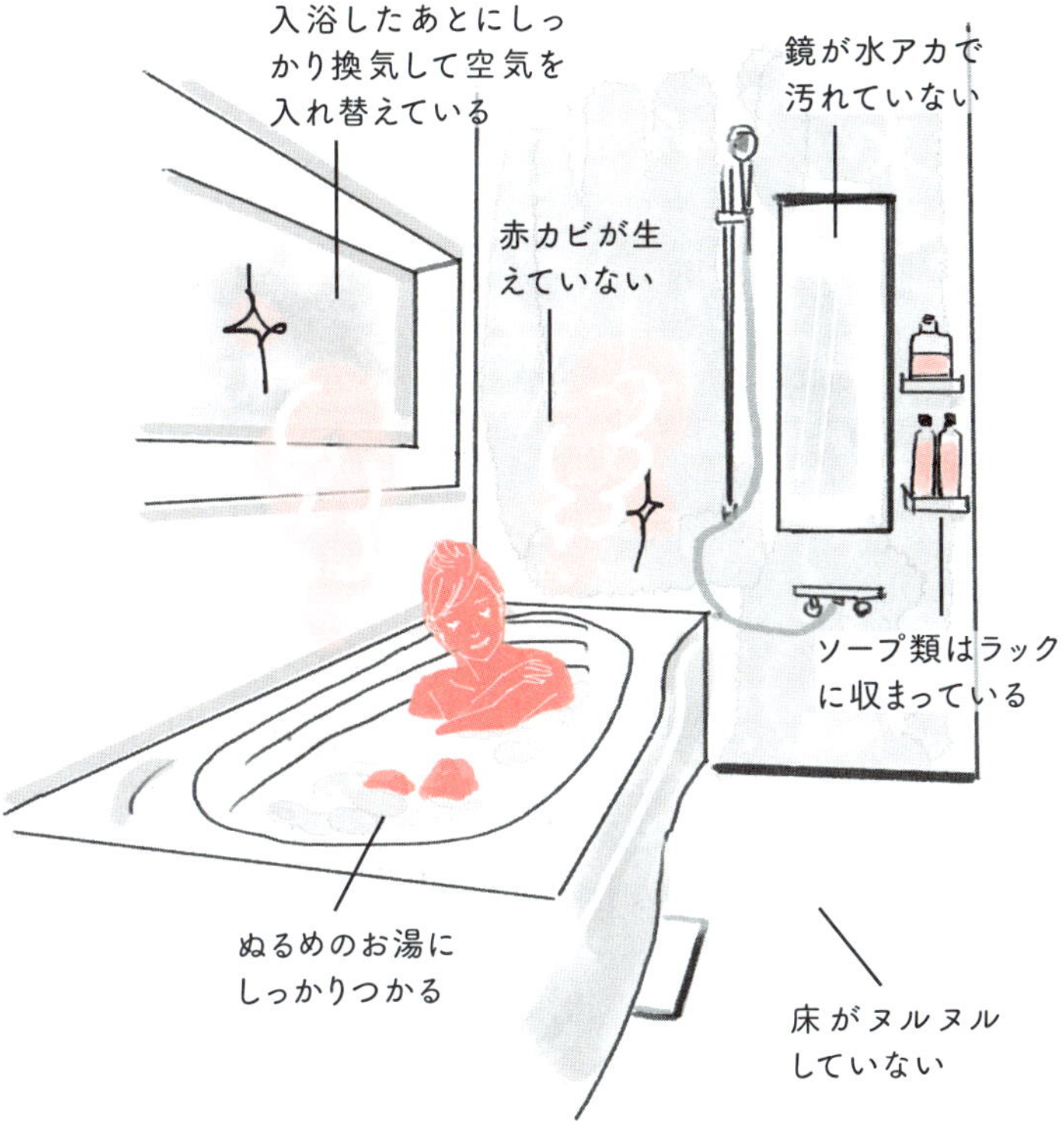
入浴したあとにしっかり換気して空気を入れ替えている
鏡が水アカで汚れていない
赤カビが生えていない
ソープ類はラックに収まっている
ぬるめのお湯にしっかりつかる
床がヌルヌルしていない

体を休める「寝室」ではお祓いポイントがたくさん

夜、眠りにつき、朝目覚めるまで、私たちは寝室で1日のおよそ3分の1の時間を過ごします。

寝室はその日の疲れを癒やし、翌日の心身の調子を整える場所です。**お祓いの観点で言えば、寝ている間に呼吸や汗で「邪気」を体の外に出す場所でもあります。**

整えられた寝室は、心と体を休め、「邪気」を祓い新たな気を補うことで、全体的な運と健康運を高めます。

よく「頭は北向きにして寝ないほうがいい」と言われますが、頭の向きは「邪気」を祓うという意味ではあまり関係ありません。

それよりも、シーツや枕カバーを長期間洗わなかったり、ベッドの下などにホコリがたまっているほうが「邪気」を生み出し、運気を引き下げます。

「寝室」のお祓いポイント

寝室に水槽などの水を使ったモノがあると、気が流動的になり落ち着いて休めなくなると言われています。できるだけリビングなどの別の部屋に置くようにしましょう。

また、**鏡はその空間の気を吸収すると言われるため、寝ている自分の姿が映る位置には置かないほうがいいでしょう。**

同様に人物のポスターも、ほんらいなら寝ているときに体に入り込むよい気が取られてしまうと言われています。でもこれは、私はあまり気にしなくてもいいと思っています。「推し」のポスターを貼っていて、見るたびに元気になるというのであれば、そのままでもいいでしょう。

体から出た「邪気」は、シーツや枕カバーにもこびりつきます。最低でも週に1回は交換しましょう。

できるだけスマホをアラーム代わりに使用せず、目覚ましがないと起きられない人は、時計を使いましょう。

なお、朝目覚めたら窓を開けて空気を入れ替えるとともに、体から出た「邪気」を外に逃してあげましょう。その際、窓枠やガラスがキレイに掃除されているとよりいいでしょう。

NG寝室

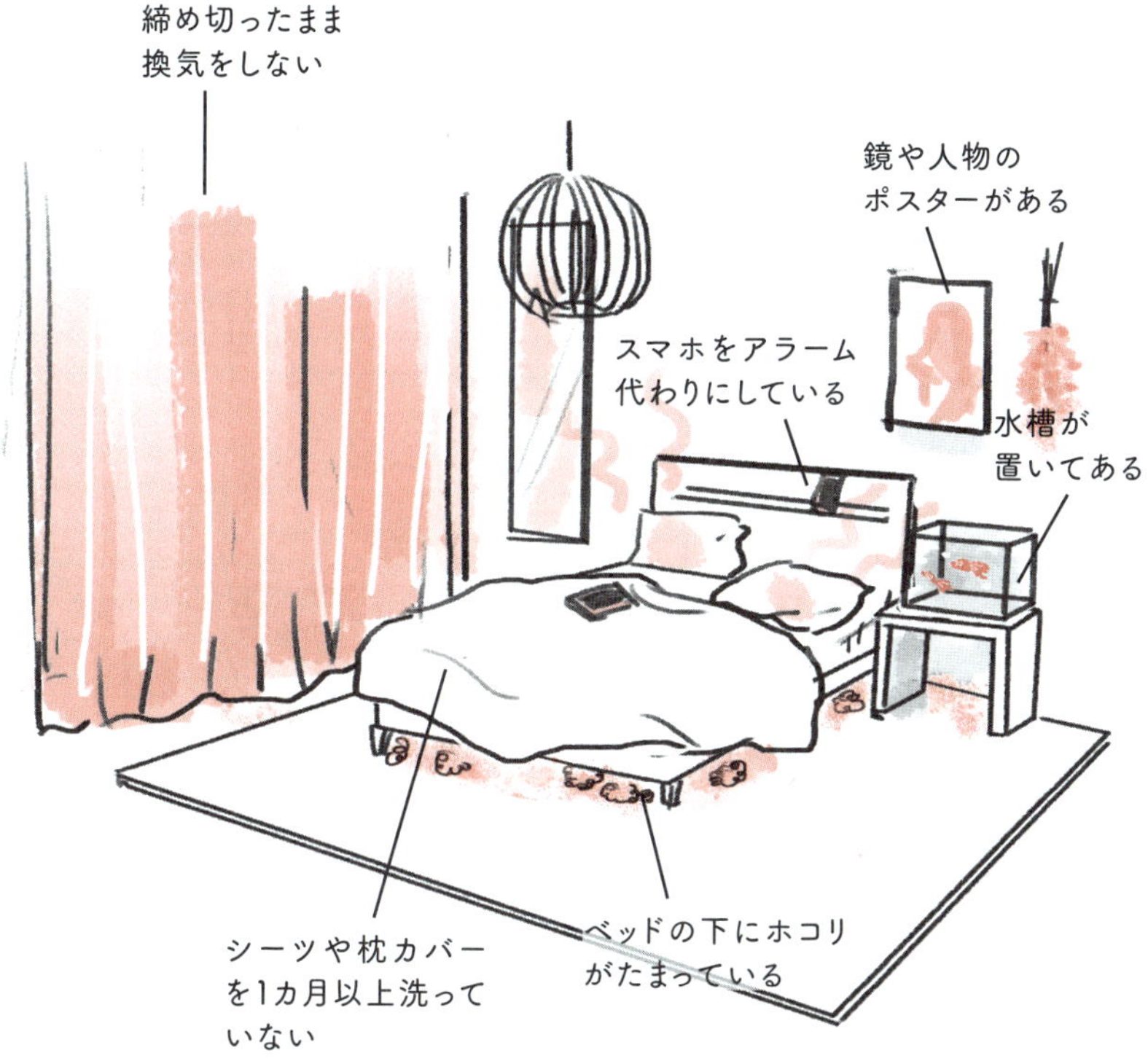
締め切ったまま
換気をしない
鏡や人物の
ポスターがある
スマホをアラーム
代わりにしている
水槽が
置いてある
シーツや枕カバー
を1カ月以上洗って
いない
ベッドの下にホコリ
がたまっている

OK寝室

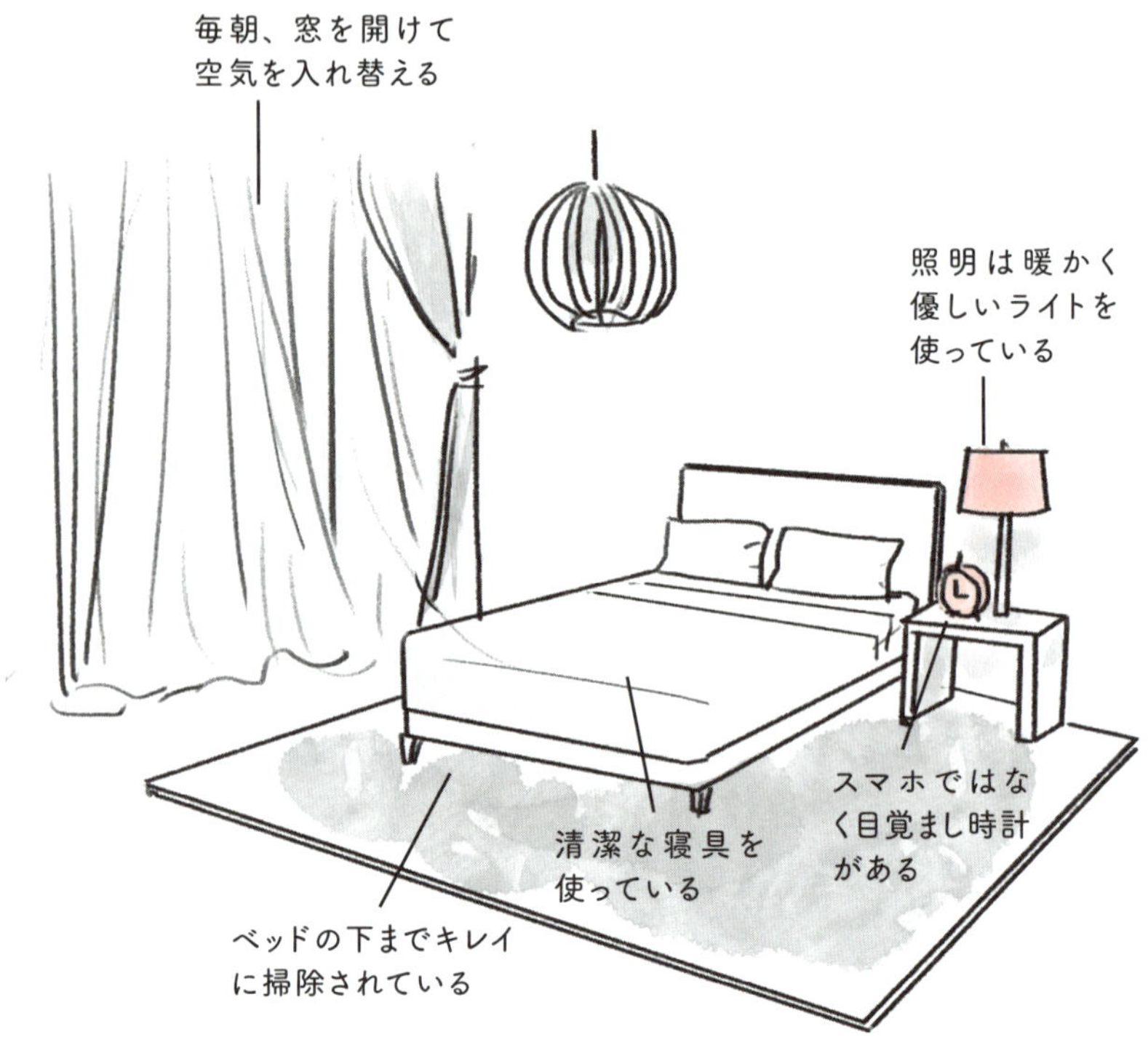
毎朝、窓を開けて
空気を入れ替える
照明は暖かく
優しいライトを
使っている
スマホではな
く目覚まし時計
がある
清潔な寝具を
使っている
ベッドの下までキレイ
に掃除されている

毎日、目にするスマホも「ひとりお祓い」する

スマホのニュースやSNSなどをダラダラ見ていると「邪気」を生み出しやすくなるとお話しししました。

スマホの存在自体が悪いわけではありません。

もちろん、長時間眺めていたり、夜枕元に置いておいたりするのは、電磁波の影響を考慮しなければなりません。

でも、現代人の生活にもはや欠かせないのがスマホです。必要以上に使わないようにするのは、悪い気を祓う上での大切なポイントですが、どう扱うかで「邪気」

をたくさん生み出す機械となるのか、生活を便利にしてくれるアイテムになるかが分かれます。

NGスマホ

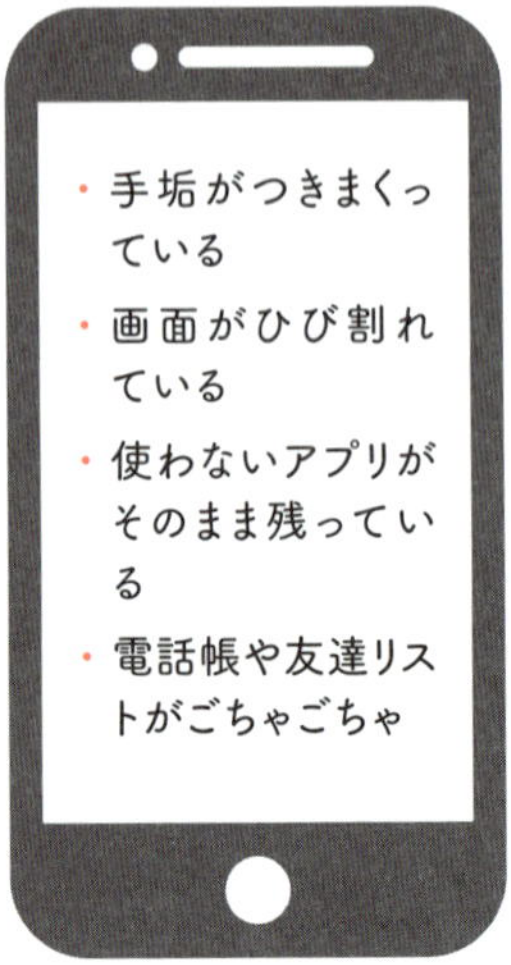
・手垢がつきまくっている
・画面がひび割れている
・使わないアプリがそのまま残っている
・電話帳や友達リストがごちゃごちゃ

OKスマホ

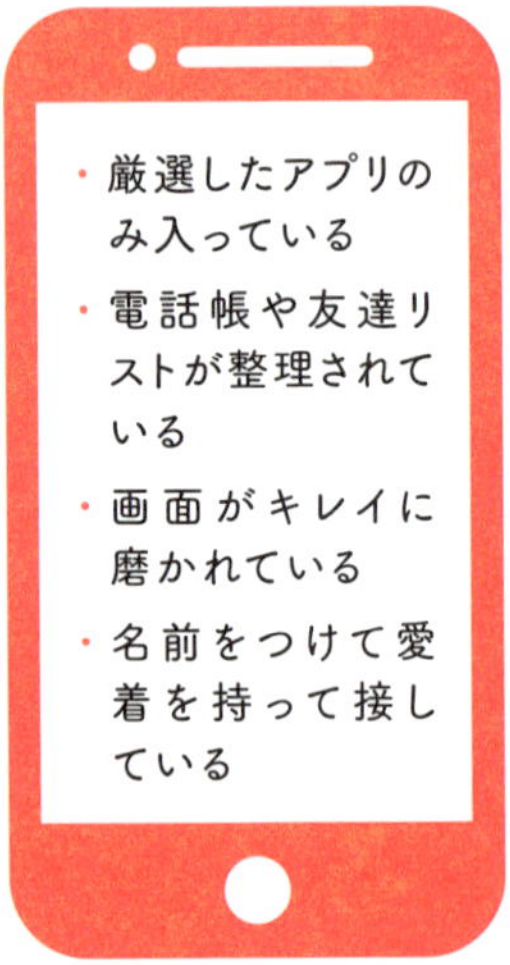
・厳選したアプリのみ入っている
・電話帳や友達リストが整理されている
・画面がキレイに磨かれている
・名前をつけて愛着を持って接している

「スマホ」のお祓いポイント

日々の生活を便利にしてくれるスマホは、私たちの相棒のようなものです。野球のメジャーリーグで活躍する大谷翔平選手のバットやグローブのようなものなのです。スマホがあるからこそできることに感謝して、愛着を持って扱ってあげましょう。

私は自分のスマホに「ツイてる君」と名前をつけて、手にするたびに「ツイてる君、今日もありがとう」と心のなかで話しかけています。

そうすることで、単なる「機械」として扱うよりも、壊れにくくなったり、私の味方をしてくれたりすると信じているからです。

スマホだけではありません。バカバカしいと思うかもしれませんが、私はパソコンやお財布など、生活を助けてくれるものには名前をつけて、自分の相棒として扱っています。

大切に扱うという意味では、名前をつけて呼びかけるだけでなく、画面を日々、キレイに磨いておくことも大切です。よく画面のフィルムにヒビが入ったままの人を見かけますが、傷がついたらすぐに取り替えてあげましょう。

また、「邪気」をできるだけ祓うためには、スマホの外側だけでなく、中身にも目を向けて整えましょう。たとえば、**不要なアプリは削除する、「誰だかわからない」人の連絡先は消去するなど、必要な情報だけに絞り込みましょう。**

デジタル面でも断捨離を行うとよい運気につながります。

column

掃除はラクになる　すればするほど

「邪気」を祓うために、家のなかのあらゆる場所をキレイにしましょうとお伝えすると、「掃除はしたほうがいいのはわかっているけど、忙しくてなかなか時間がない」と言う人がおられます。

でも掃除は日々こまめに行うことで、たまに掃除をするよりもかかる時間はどんどん少なくなっていきます。汚れがこびりつくまで放っておかなければ、どんな場所でも、1〜2分でキレイにできるからです。

たとえば、玄関を1カ月、散らかりっぱなしで放置していたら、片付けから始まり、砂や泥がたまった床を磨くのは一苦労でしょう。

一方で、**毎日帰ってきたら脱いだ靴を決まった場所に片付け、雑巾でさっと一拭きするようにしていると、キレイにするためにかかる時間はたったの数分です。**

これまでは「玄関掃除」というと、雑巾がドロドロに汚れるので、3枚も4枚も使っていたという人でも、毎日拭き掃除をしていたら「雑巾がキレイなままで驚いた」と言います。

玄関に限らず、本章でご紹介した「邪気」を祓うのに重要なポイント6つを中心にキレイにするのであれば、全部、行っても20分くらいでしょう。

朝は忙しいのであれば、お仕事から帰ってきてお風呂に入る前に、少し体を動かすつもりで掃除をする。それでも、少ししか時間が取れない場合は、曜日ごとに掃除する場所を決めて「お祓いタスク」にするのもいいかもしれません。

逆に早起きできる人は、朝に行う家事のついでにキレイにする。お風呂やトイレは使ったときに掃除をし、そのほかはまとめてやるのもいいでしょう。

なお、私の家では、毎朝、掃除が習慣になっているので「年末の大掃除」の習慣がありません。

さっと掃除をするだけで、いつもいい状態に維持できているからです。

もちろん、網戸を拭いたり、カーテンを洗濯したりなどは、毎日は行いません。すぐに汚れてしまう場所以外は、季節の変わり目など、つまり3カ月に1回ほどで十分だと考えています。

掃除が苦手な人で経済的に余裕があれば、ロボット掃除機や食洗機などの文明の利器に頼るのもいいでしょう。

掃除の時間をほかの楽しみとセットにするのもオススメです。

私はよく、読みたい本をオーディブルで聴きながらや、言霊を唱える時間として掃除の時間を活用しています。

音楽を聴いたり、歌を歌って発散するのでもいい。好きなアロマを焚《た》く時間にしてもいい。自分にあったやり方で習慣にできれば、どんどん「邪気」が祓われていくはずです。

第4章

【言霊】に宿る不思議な力で邪気を落とす

〜「ひとりお祓い」をする〜

言葉に秘められたパワーで現実を変える

「三位一体クリアの法則」の2つ目は「言霊（Cotodama)」です。

言霊と言われてもピンとこない人もいるかもしれませんが、簡単に言えば、言葉に秘められたパワーのことを指します。

古来より、ひとつの言葉を意識して繰り返すことで、思考が変わり、言葉通りの現実にしようと、人の行動が変わると考えられています。

特に日本では「言葉には不思議な力が宿っている」と考えられ、発する言葉通りの世界が現れるとされていました。

「三位一体クリアの法則」のなかでも言霊は私にとって特別な意味を持っています。

私が言霊の力を実感したのは、人生がドン底だった27歳のころでした。

何もかもがうまくいかず、先行きが見えない人生に嫌気がさしていた私は、あろうことか、毎日、アパートとバイト先のコンビニの間にある神社に行って、

「バカやろう！」

「どうしてこんな人生なんだ」

と怒りと不満をブチまけていました。

そんなやさぐれていたときに書店で出会ったのが、斎藤一人さんの言霊の本です。

本には「よい言葉を発しているとよい人生になり、悪い言葉を使っているとその通りの人生になるよ」と書かれていました。

その本を手に取り「え、それって私のことじゃん！」と衝撃を受けた私は、半信半疑ながらも、その日から使う言葉に注意を払うことを決めました。

まずは、神社で悪態をつくのをやめることにしました。

そして毎日、最低でも1000回は「ツイてる」と唱えるようにしたのです。

さらに、コンビニに買い物に来るお客さんにも、意識して「ありがとう」と言うなど、元気になる明るい言葉を意識して使うように心がけました。

すると、**なんと90日ほど経つころに「治らないかもしれない」と言われていた、母親のうつ病が奇跡的に回復します。**

嘘みたいなほんとうのお話です。

「言霊の力は、ほんとうにあるんだ！」と実感した私は、そこから言霊や潜在意識の仕組みなどについて、貪欲《どんよく》に学び始めたのです。

言霊の力を証明する科学的エビデンス

実は私は、大学の法学部出身で、目に見える明らかな証拠や根拠がないと、ものごとを疑ってかかる習慣があります。

でも、言霊について学んでいるうちに、**そんな私でも言霊のパワーを実感**

せざるを得ないできごとが、2つ起こりました。

ひとつ目は「O《オー》リングテスト」です。

「Oリングテスト」とは体の筋肉の弛緩を利用して、生体の状態を調べる医学の補助的な診断方法です。アメリカで特許を取得しています。

「Oリングテスト」のやり方は、とても簡単です。片手の指で輪っかをつくり、モノに触れたり、手のひらに乗せたりしてから、その輪をほかの人が開こうと力を入れます。

開きやすい場合はマイナスでその人に合わない、一方でしっかり閉じていられるときはプラスであり、その人にとってよいとします。

たとえば、風邪や喉の違和感の原因を特定するとき、Oリングテストを用いて最適な治療法を選び出す場合があります。

まず医師は特定の薬や食べ物などを患者の体の近くに置きます。患者は片手で輪っかをつくると同時に自分のもう片方の手でもその物を持ちます。

次に、医師は患者がつくったOリングに対して引っ張りの力を加え、リングが開くかどうかを確認します。リングがしっかりと閉じたままであれば、食べ物や薬が患者に適している、または問題がないと見なされます。

逆に、リングが簡単に開いてしまう場合、食べ物や薬が患者に適していない、またはなんらかの問題があると判断します。

以前、私自身もあるセミナーで「Oリングテスト」を行ったことがありました。

そのセミナーでは「ありがとう」と言ってから輪っかを開こうとする場合と、「バカやろう」のようなネガティブな言葉を使ってからの2つのケースで実験をしました。

すると、ほぼ全員が「ありがとう」と言ったときは力が入って輪っかが開かなかったのです。

いかがでしょうか。

これがひとつ目です。一人だと難しいかもしれませんが、皆さんもぜひ試してみてください。

「ありがとう」と生命の源の不思議な関係

２つ目は『水は答えを知っている』（江本勝著／サンマーク出版）という本を読んだときのことです。

この本には、水に「ありがとう」と毎日声をかけたときと、汚い言葉を浴びせ続けた場合では、凍らせたときの結晶の形に大きな違いが生まれたという実験結果について書かれています。

「ありがとう」と言われた水の結晶は美しく整い、罵声を浴び続けた水はみるも無惨な形の結晶ができたそうです。実際の結晶の写真を見たときは、「これほどまでに違うものか」とショックを受けたことをいまでも覚えています。

転じて、私たち人間の体は70％が水で構成されていると言われています。

「ありがとう」のような感謝の言葉を日々使っているのと、「ムカつく」といったマイナスの言葉を使っているのとでは私たちのなかにある水はどう反応するのか。
おそらく異なった反応を引き起こすと私は考えています。

どんなときでも言霊を唱えて邪気を祓う

よい言葉は、私たちの肉体に働きかけるだけではありません。

言霊は、脳にも働きかけて「邪気」を祓い、「邪気」が生まれやすい心のクセを修正してくれます。

人間の潜在意識は、私たちが口にしたこと、想像したことをそのまま実現しようとします。だからこそ私自身の場合でも、「人生終わった」「バカやろう」と神社で言い続けたために、また「バカやろう」と叫びたくなるような状況に陥っていたのです。

反対に「楽しい」「ツイてる」と口にしていれば、実際に楽しくてツイてる状況になるよう、脳が働きかけてくれます。

実際に「ツイてる」と唱え始めてから、3カ月で母のうつ病が回復したのも、言葉のパワーが私の現実を変えてくれたからでしょう。

私は、言葉の力で運気が好転してから、言霊を唱えるのを欠かした日はほぼありません。

よいことがあってからよい言葉を発するのではない

では、言霊を活用して「ひとりお祓い」をするにはどうすればいいのでしょうか。大切なポイントをお話ししましょう。

ひとつは、言霊は何かいいことがあってから「ツイてる」「ありがとう」などと言うのではないということです。

私はよく「感謝」についてお話しします。

感謝することで「邪気」を祓い、運気を上げることができるからです。

多くの人は「ちゃんと感謝しています」と言いますが、でも、よくよく話を聞いてみると「何かしてもらったらお礼を言っています」のように、何かをしてもらってから感謝している人がほとんどです。でも、理想は逆です。

言霊についても同じことが言えます。

何かいいことがあってから唱えるのではなく、なんでもないとき、むしろつらい状態が続くときだからこそ、よい言葉を意識して使ってください。

そしてもうひとつ、大切なポイントがあります。

たとえ運気がよい方向に向かい始めたとしても、日常の些細な習慣から「邪気」は知らず知らずのうちにたまっていく性質を持っています。**運気を後退させることなく、自然と「邪気」を祓うためにも、よい言霊を唱えることを日常の習慣にしてください。**

そうすれば、脳は言葉通りの楽しくてツイてる状況を実現し続けてくれるのです。

「ひとりお祓い」のキホンの言霊

私たちは、どんな言霊を唱えれば「邪気」を祓い、「邪気」を生み出す心のクセを解消できるのでしょうか。

キホンの言霊は、斎藤一人さんが提唱していた「ありがとう」「ツイてる」「うれしい」「楽しい」などの「天国言葉」です。

天国言葉とは、ポジティブな言葉のことを指します。これらの言葉を日常的に使うことで、心や人生が豊かになるとされています。

ただ、簡単なことのように思われるかもしれませんが、「邪気」がたくさんたまっている人はこういった「天国言葉」も普段から口から出ない状態になっていると私は感じます。

そのため、まずはつらい状況でも唱えやすい次の言葉がオススメです。

「大丈夫」
「なんとかなる」
「きっとよくなる」

これらは乗り越える力を言葉に宿しています。

「私は私のままでいい」
「ありのままで生きる」

といったあるがままを認める言霊もいまのあなたを癒やす効果が期待できるでしょう。その他、「この先はいいことが待っている」「一寸先は光」といった言葉もあなたに勇気を与えてくれます。

あなたの気分によってキホンの言霊を使い分けてOK

他にも、邪気がたまっている人のために次のような言葉をピックアップしました。

【自分を後回しにしがちな人】

「そのままで価値がある」「もっと自分を愛します」「私は私でいい」などの言霊で、つらい心のクセを変えていくことができます。

【「天国言葉」以外のポジティブな言霊】

「ウキウキ」「ハッピー」「大好き」「人生サイコー」など唱えていて心が明るくなる言葉。

【何か特定の目標がある人】

たとえば「最愛の人と結婚したい」のであれば「最愛のパートナー」、家が欲しいなら「理想のマイホーム」、お金を稼ぎたいなら「お金がザクザク入ってくる」などと唱えるのもいいでしょう。

心がこもっていなくても大丈夫

言霊を唱えましょうとお伝えすると、「いまの状況がほんとうにつらいのに、口だけで〝なんとかなる〟と言って効果があるの？」と心配する方がいます。

でも、**心がこもっていなくても、「こんなことして、効果ある？」と疑いながらでもいいのです。**「つぶやけばいいことあるかも？」と下心を持っていても大丈夫。「なんとかなる」はもちろん、ほかの言霊でも、言葉の持つポジティブなパワーは、口にすればするだけ、あなたの「邪気」を祓ってくれます。

あれこれ考えて、何もしないよりつぶやいたほうが断然いい。繰り返すうちに、だんだんその言葉通りの現実に変わっていくからです。

なお言霊は、自分が口にしてしっくりくるようにアレンジして大丈夫です。たとえば、「なんとかなる」と言うより「どうにかなる」が言いやすければ「どうにかなる」を繰り返します。

「ツイてる」よりも「ラッキー」と言ったほうが、心がウキウキするのであれば「ラッキー」でいいのです。ちなみに、「1日にいくつも違う言霊を唱えても効果はあるの？」と聞かれることがありますが、言霊はいくつ唱えても大丈夫です。

言霊の効果を最大化する3つのルール

言霊は基本的にいつ、どのくらい唱えても「邪気」を祓う効果が高いものです。でも、せっかくなら、言霊の「ひとりお祓い」効果を最大限に高める唱え方をここでご紹介しましょう。

①最初は1日10分

私は最初「ツイてる」を1日に1000回唱えると決めて、実践しました。

1000回というと、とてつもない回数だと思うかもしれません。でも、「ツイてる」「なんとかなる」などの短い言葉であれば、わずか10分程度で1000回唱えることができます。

これまでにたまった「邪気」を祓いたい、運気を上げたいと強く願うのであれば、**できれば最初の3カ月は、好きな言霊を1日1000回唱えてみてください。**

私はYouTubeに「ありがとう」や「ツイてる」などの言霊の10分動画をいくつもアップしています。動画と一緒に唱えれば、数を数える必要もありません。

ぜひ、一緒にやってみてください。

1度に10分、まとまった時間が取れないという方は、朝5分、夕方5分など、分割してもいいでしょう。効果は変わりませんので、都合のいい時間に分けて唱えてみてください。

また、**何か別のことをしながらの「ながら言霊」でも構いません。**

なかには「野菜を刻みながらリズミカルに唱えるのが好き」という人もいます。掃除をしながらでも、湯船につかりながらでもいい。運転しながらや、通勤電車のなかで、心のなかでつぶやくのでもいいのです。

「時間がない」とあきらめてしまわずに、ながらでも実践していきましょう。

「ひとりお祓い」の言霊を唱えて人生が変わった人

実際に、言霊を唱えることで人生が変わった人はたくさんいらっしゃいます。

1日10分の言霊を欠かさず唱えていた智恵美さんのお話です。

彼女は、あるとき勤めていた会社を解雇されることになりました。

「もう53歳だし、次の仕事を見つけるのは難しいかも……」と不安に陥った智恵美さん。それでもくじけずに「なんとかなるから大丈夫」と毎日唱えていたら勇気が生まれ、ダメもとでフルリモートで仕事ができる条件のいい会社に応募しました。

その仕事は「お気に入り」のボタンを50人以上が押していた人気の職種です。

でも、そんな心配をよそに智恵美さんは1次面接、2次面接と通り、最終的には最高金額の時給で採用していただき、以前の会社を解雇されてからわずか2週間でその会社で働くことが決まったのです。

以前から気になっていたマーケティングの部署を手伝ってくれないかと言われ、社員にならないかとも打診されたのだそうです。

言霊によるパワーが彼女に勇気を与えて、行動を起こした結果といえるでしょう。

②できれば朝晩ベッドのなかで

私たちは、目覚めている間は、「あれをやらなきゃ」「ランチどうしよう」などと考える顕在意識が優位になっています。

脳の9割以上を占めると言われる潜在意識は、その間は水面下に沈んでいる状態です。

一方、まだ朝起きたばかりや寝る直前の、意識がもうろうとしているときは、顕在意識のストッパーがゆるみ、潜在意識に働きかけやすい状態になっています。

そのタイミングで言霊を唱えると、言霊の効果を最大限に引き上げることができます。

ですから、朝、目覚めたらベッドのなかで5分、夜眠る前にもベッドのなかで5分唱えてみてください。

また、言霊を別の時間にしっかり唱えているなら、起きたときと寝る前に数回つぶやくだけでも構いません。言霊に込められた願いが潜在意識に浸透し、より速いスピードで現実に変化が起きるはずです。

ここでひとつ事例をご紹介しましょう。

40代の聡美さんは、優しい夫とほがらかな子どもたちに恵まれ、経済的にも何不自由ない、周りから見たら理想の暮らしを送っていました。

それでもなぜか、心が晴れない。なぜこんなに気持ちがもやもやして、心が不安定になるのかわからず、何かにすがるように私のYouTubeの動画を視聴しながら、朝起きたときと寝る前に「奇跡が起こる」という言霊を唱えていたのだそうです。

するとの90日経つころに、毎朝感じていた強烈な不安感が薄れていることに気づきました。このことをきっかけに聡美さんは、心のもやもやの原因は「自分の人生を生きていない」ことだと気づいたのです。

「もう40代だし」「このままの人生で十分、幸せ」と思い込もうとしていたのに、ほんとうの気持ちがクリアになった瞬間でした。

いまではヨガの講師になるべく、楽しみながら日々チャレンジしています。

③ネガティブワードは封印する

せっかくいい言霊を唱えているのに、一方で「ツイてない」「運が悪い」「やってられない」「あの人、意地悪だわ」などのネガティブな言葉をつぶやいていたら、せっかくの言霊効果を最大限に活かすことができません。

普段の生活で、ネガティブワードはできるだけ使わないように、意識してみてください。

そうは言っても、人のうわさ話や悪口は「ストレス発散になる」と考える人がいます。**ここで注意したいのは、潜在意識は、あなたが誰に対して言っているのか、自分に向かって言っているのかの区別をしないということです。**

悪い言葉を発すれば、その言葉通りの状況をあなたにもたらしてしまいます。

ですから、どうしても日々の生活に不満がある人は、一度「もし、これがほんとうになかったらどうなる？」と考えてみてください。

たとえば、クルマの調子が悪くて、エアコンが効かなくなったとしましょう。普通だったら、「ツイてない」「暑い」「どうして自分ばかり？」などと口にしてしまうかもしれません。

でもその前に、この世にエアコンが存在しなかったらどうなるか考えてみるのです。

そうすれば「ああ、エアコンがない生活って、こんなに大変なんだ。いままでエアコンがあってずいぶん助かった」と考えることができるでしょう。

もっと言えば、たとえエアコンが効かないにしても、クルマそのものがなくなったら、移動に支障をきたすはずです。エアコンが故障しても、クルマがあってよかったと思えれば、文句を言いたい気持ちが落ち着くでしょう。

邪気がたまりやすい人のお祓い言霊①

「嫌いなあの人が幸せになりますように」

「ひとりお祓い」のキホンの言霊は、シンプルなワードを繰り返すことです。口にすればするほど「邪気」は祓われていきます。

一方で、ここでは特に「邪気」がたまりやすい人のために、シーン別に使える、スペシャルな「お祓い言霊」をご紹介しましょう。

私が多くの方と接していて「あぁ、こんなにつらい思いをしていたら、邪気がどっさりたまってしまうだろうな」と思う、代表的な状況が3つあります。

まずひとつ目は「苦手な人と、イヤでも顔を合わせなければならない場合」です。

- **お姑さんが苦手なのに、毎週、家に遊びにくる**
- **嫌いなお局さんと、出社して毎日、顔を合わせなければならない**
- **意地悪なママ友がいるけど、子どものためにうまくやっていかなきゃならない**

などのように、生活していく上でどうしても苦手な人を避けられないケースです。

自分が苦手な人から、理不尽な仕打ちをされたり悪口を言われたりしたら、

「あいつなんて、いなくなればいいのに……」

「あんなヤツ、大っ嫌い」

「あの人のせいで、人生台無し」

などと感じてしまう人は多いでしょう。

でも、そう思っていると、**ネガティブな感情で「邪気」が生まれやすく**

なるばかりでなく、嫌いな人と波長が同調してしまい、磁石が引き寄せ合うように離れられなくなってしまいます。

相手にネガティブな気持ちを抱いたり、相手の不幸を願ったりするのは、まるでその人と一緒にいることを選んでいるようなものなのです。

相手と同じになっている周波数を変える

ではどうすればいいのかというと、そんなときは、反対に、

「あの人が幸せになりますように」

「今日があの人にとっていい1日になりますように」

「あの人によいことが雪崩のごとく起きますように」

のように、相手の幸せを願う言霊を使うのです。

そうすることで、**これまで相手に注いでいたエネルギーの周波数が変わり、自然と相手が離れていきます。**

「え？　ほんとうにそんなことある？」と思うかもしれませんね。

でも、実際に私が、この「お祓い言霊」の話をYouTubeのチャンネルでアップしたところ、驚くほどたくさんの人から、

「嫌いな上司が異動になりました」

「ママ友が引っ越すことになりました」

「お姑さんが田舎で暮らすことになりました」

といったコメントをいただきました。


この言霊は、相手に向かって言わなくても、心のなかで唱えるだけで大丈夫です。

嫌いな人との感情の波長がズレてくれれば、自分では思いつかないような不思議な方法で、自然と相手があなたの目の前からいなくなるのです。

邪気がたまりやすい人のお祓い言霊②

「アメノミナカヌシさま、お助けいただきましてありがとうございます」

「邪気」がたまりやすい、代表的な状況の2つ目は、思いもかけない窮地に陥ったときです。

たとえば、就活ですべての会社から不採用となり、この先の人生どうしたらいいかわからなくなったとき……。幸せに暮らしていると思っていたら、突然、離婚を言い渡され、これまで専業主婦だったため生活をしていく手段がなくて途方に暮れたとき……。

私も、母親の介護をしながらコンビニでバイトをし、人生の先が見えなかったとき、もしこの言霊を知っていたら、きっと唱えていたと思います。

それほど、**究極のピンチの状態で効果を発揮する「お祓い言霊」が「アメノミナカヌシさま、お助けいただきましてありがとうございます」です。**

どうしようもなく切羽詰まってしまったときに最適

アメノミナカヌシ（天之御中主）さまは、『古事記』に最初に登場する神さまです。「始まりの神」と呼ばれ、どんな状況にあってもいまのあなたに必要な願いを叶えてくれるとされています。

特に、**いま「何をどうしたらいいかわからない」と迷い悩む人に、進むべき方向を見つける手助けをしてくれると言われています**ので、この「お祓い言霊」は、どうしようもなく切羽詰まってしまった人に非常に効果的なのです。

公代さんのできごとを例にその効果をお話ししましょう。

公代さんは、幼いころから母親に、怒鳴られる、引っ叩かれるのが当たり前という環境で育ちました。そのため、母親に対する憎しみの感情が強く、お母さんが亡くなって10年も経つのに、許せない気持ちでいっぱいだったのです。恨む気持ちはなくしたいのに、自分に対して行った仕打ちは忘れられない。

そんな行き場のない気持ちが積もって「邪気」がたまりまくった状況だったため、私は「アメノミナカヌシさま、お助けいただきましてありがとうございます」と唱えてくださいとお伝えしました。

公代さんは、言葉の意味もよくわからないまま、ひたすら毎日唱えたそうです。するとlカ月後、亡くなったお母さんへの恨みや憎しみが落ち着いて、会いたい気持ちがあふれてきたといいます。

気持ちが変わってきたと同時に、さらには夢にお母さんが現れたとのことでした。夢のなかで「ほんとうに未熟だった。愛していたのに、苦しませてごめんね」と謝ってくれたと言います。

こういった経験を経て、公代さんは「母も仕方なかったんだな」と初めてお母さんを許せる気持ちになりました。

「アメノミナカヌシさま、お助けいただきましてありがとうございます」は、公代さんのように、ものすごく困ったとき以外は唱えていけないわけではありません。

アメノミナカヌシさまは、大宇宙の根源と言われ、さまざまなご利益をいただける神さまです。夢を叶えたいときや大きな「邪気」を祓いたいときなど、意識してつぶやくといいでしょう。

邪気がたまりやすい人のお祓い言霊③

「これでよかったんだ」

「邪気」がたまりやすい、代表的な状況の3つ目は、もう終わった過去なのに、あれこれ思い出してクヨクヨしてしまうときです。

いまの状態が思い通りではないとき、そして、なかなか人生が願ったように進まないときなど、人は過去を振り返り「あのとき、ああしなければよかったのかも……」と過去を悔やみがちです。

たとえば、結婚生活が思ったようにうまくいかず、「あのとき、お見合いの相手ではなく同級生と結婚していたら……」と悩む。

願った仕事に就くことができず、「学生時代に遊んでばっかりいないで、真面目に勉強しておけばよかった」と後悔する。

仕事が忙しく、自分の時間が持てずに、「あのとき、親の反対を振り切って海外に留学しておけばよかった」と悔やむ。

多くの人がやりがちですが、変えられない過去を後悔するのは、過去の自分を否定することにつながります。そして、自分を責めて自己肯定感を下げ、「邪気」をどんどん生み出してしまうのです。

思い当たる人は、「これでよかったんだ」という「お祓い言霊」を唱えてみてください。

「これでよかったんだ」と言うことで、過去を肯定し、過去の自分を認めてあげることにつながります。

自分に優しくできるようになる

「これでよかったんだ」と唱えて人生が変わった人にユキさんという女性がいます。

ユキさんは、以前は「なんでこんなこともできないんだろう」と自分を責めたり、「どうしてあんなことをしてしまったのか」と過去を悔やんだりして、ずっと苦しんできました。うつになって仕事を辞めざるを得ないところまで自分を追い込んで、やっと人生を変えたいと心の底から思うようになり、私に相談に来られました。

私はそんなユキさんに「これでよかったんだ」をお守り言霊として、繰り返し唱えるように伝えました。

3カ月ほど続けているとユキさんは、徐々に「そんな自分でもいい」「いろいろできないことがあっても、開き直っていいんだよ」と自分に優しくできるようになりました。そうして1年も経つころには、心が落ち着き、仕事にも復帰できるようになったのです。

彼女は少しずつ自分に優しい生き方に変えることができました。

人生が大逆転する超強力な「お祓い言霊」3選

私に人生の相談をしてくださる人は、皆さん「なぜ、こんないい人なのに人生がうまくいかないのだろう？」と思うほど、とても素敵な方ばかりです。

家族や周りを優先して思いやりがあり、「ひとりお祓い」も真面目に実践してくださいます。それなのに、なかなか人生が好転しないケースが少なくない。

その理由を探るために、多くの人とお話しさせていただくうちに「いい人」にも3つのパターンがあることが浮かび上がってきました。

そこで、**それぞれのパターン別に編み出した「お祓い言霊」をお伝**

えすると、皆さん、これまで停滞していたのがウソのように、一気にマイナスからプラスにジャンプアップします。

ここでご紹介する3つの「人生を大逆転させる、超強力な〝お祓い言霊〟」は、基礎的な「お祓い言霊」のように、毎日、数多くつぶやく必要はありません。

読み進めていただき「あ、これ私のことかもしれない」と感じたら、その部分だけを何度も読み返してみてください。

なぜ自分が「ひとりお祓い」の効果が出にくかったのかがわかり、「邪気」を生み出す心のクセがスッと落ち着く効果が期待できます。

そして、たまっていた「邪気」をなくし、人生をプラスに転じることができます。

最強のお祓い言霊①

「お母さん、バカやろう！」

「人生を大逆転させる、超強力な〝お祓い言霊〟のひとつ目は、「お母さん、バカやろう！」「お母さん、ふざけるな」です。

私が「こう言ってみてください」と言うと、ほとんどの人は「え、そんなこと言えません……」「親のこと、バカやろうなんて言っていいんですか？」と戸惑います。

私が「お母さん、バカやろう！」「お母さん、ふざけるな」と言ってほしいと考えるのは、知らず知らずのうちに、母親の価値観に縛られている人です。

もちろん、母親は子どもの幸せを願っているからこそ、「こうしたほうがいい」「あれよりもこれがいい」と自分がいいと思っていることを子どもに勧めるのでしょう。

でも、そんな家庭に育った人の多くは、子どものころから「こう言ったら、お母さん、どう思うかな」「あの人、お母さん気に入ってくれるかな」のように、自分の考えよりも、母親の意見を優先するようになります。

このタイプの人は、親にとっては、言うことを聞く「いい子」であり、なかには、思春期に反抗期がなかった人も少なくありません。

実は私も、20代後半になるまで、親、特に母親に反抗した記憶がありませんでした。

私の場合、父親が母に対して高圧的に話をするタイプで「お母さんがかわいそう」「お母さんに反抗したら迷惑になる」と考えていたため、母親にはいつも従順だったのです。

ですから私も、母に面と向かって「バカやろう」などと言うことは、ずっとできませんでした。でもその代わりに、そんな自分の人生に対する不満が爆発して、神社で「人生終わった」「バカやろう！」と叫んでいたのは、お話しした通りです。

思春期の「反抗期」は、子どもが親の価値観から離れ、自立していくための大切なステップです。親に反抗する経験がないまま大人になってしまうと、いつまで経っても、自分の意見ややりたいことが見つからず、親の価値観に振り回されてしまう可能性があります。


自分のほんとうの気持ちを見つめずに、人の価値観で生きていると、いくら「ひとりお祓い」をしても、心のもやもやは取り除かれません。

母親の価値観や呪縛から解き放たれる

私が初めて母親に反抗したのは、言霊、潜在意識、心理学などを学び「心理カウンセラーとして、悩んでいる人の心に灯をともしたい」と決めたときでした。

母はよく、正社員の仕事を辞めて介護をしていた私に向かって「お母さんの道連れにしてごめんね」と泣いていました。

だからこそ、やっと自分のやりたいことが見つかったと報告したら、喜んでくれるものだと思っていたのです。

ところが母に「独立して〝心理カウンセラー〟になりたい」と言うと、「そんな仕事ではなくて、ちゃんと正社員になってお勤めをして、お母さんを安心させてほしい」と言うではありませんか。

そのとき私は初めて、母に向かって「ふざけるな！」と叫んだのです。

まさにこの瞬間からでした。

私は母親の価値観や呪縛から解き放たれて、自分のために生きられるようになったのです。

もし私が、いつまでも「母親のため」を優先し、母を安心させようとしていたら、やりたくもない仕事をガマンしてやり続ける人生になっていたかもしれません。

だから、以前の私のように、母親に気を使い顔色をうかがう人生を送っている人こそ「お母さん、バカやろう！」「お母さん、ふざけるな」という「お祓い言葉」

を使ってみてほしいのです。

もしできるなら、「ふざけるな！　クソババア」と言うのもオススメです。

私のケースのように、何かきっかけがあり直接、「ふざけるな」と言える場合は、勇気を出して言ってみてもいいでしょう。

でも、面と向かって伝えなくても言霊の効果は変わりません。一人でいるときに思いっきり「お母さん、バカやろう！」と口に出してみてください。

一人でカラオケなどに行って、思いっきり「クソババア！」と叫び、怒りを発散させるのもいいでしょう。

最強のお祓い言霊②
「自己犠牲バンザイ！」

「人生を大逆転させる、超強力な〝お祓い言霊〟」の2つ目は、「自己犠牲バンザイ！」です。

「邪気」を祓うためには、自分の心に向き合い、自分のやりたいことを優先してあげることがとても大切です。

それなのになぜ「自己犠牲バンザイ！」なのか、不思議に思う方もいるかもしれませんね。

実は「自己犠牲バンザイ！」は、自分を犠牲にして人に尽くしてい

るのに、報われないと思っている人が、殻をやぶるきっかけとなる言葉なのです。

どんなときでも、家族や子ども、そして周りを優先する「いい人」は少なくありません。

自分は5000円のワンピースを買うのも躊躇《ちゅうちょ》するのに、子どもには数万円の塾の費用をポンと払う。

どんなに疲れて眠くても、家族のための食事の用意は欠かさない。

ママ友に誘われたら、行きたくなくても、カフェでのおしゃべりに付き合う。

頼まれてもいないのに、自分から雑用を引き受けて残業ばかりしている。

自分を犠牲にして周りを優先するこういった行為が、心からの幸せだったらどんどんやってもらっていいでしょう。

自己犠牲どうこうよりも自分を認めてあげる

でも、ほとんどの場合「こんなにがんばっているのに、感謝されない」とか、「これだけやっていても、私にはいいことがない」など、どこかに不満を抱えています。

心理学的に考えると、こうして自分を犠牲にして周りに尽くす人は、自己肯定感が低い場合がよくあります。


無意識のうちに「自分には価値がない」と思っているため、足りない価値を、自分を犠牲にすることで補おうとするのです。


ただ、そうしてずっと自分を犠牲にして過ごしてきた人に、私が急に「自分を大切にして、3万円のワンピースを買ってもいいんですよ」と言っても、なかなか実践できません。

そこで、どうしたらいいかと考えたとき「〝自己犠牲バンザイ〟で、一度、いまの自分を肯定してみてもらったらどうか」と思いついたのです。

実際、長年、自分を犠牲にして暮らしてきた人たちに〝自己犠牲バンザイ〟と言ってもらったら「なんか、私、これでいいんだという気持ちになりました」「もやもやしていたのが楽になりました」という声をたくさんいただきました。

そうして、自分の行動に納得して、自主的に人のために役に立つことをするようになると「邪気」が生まれにくくなり、運気がどんどん上向いていきます。

また、いつも自分を後回しにしがちな人に、私はよく「宇宙貯金は金利1000%」というお話をします。

近年、日本では銀行の普通預金の金利は、0・1%以下が当たり前です。

でも「宇宙貯金は金利1000%」だと言われています。

「宇宙貯金」には、お金ではなく、よい行いを積み立てることができます。

人を喜ばせたり誰かの役に立ったりすることで、宇宙貯金にどんどん「徳」が積み立てられ、満期になると1000%の利息がついて、幸運として戻ってくると言われているのです。

つまり、日頃から人のためにと自分を犠牲にしてまで尽くしている人は、宇宙に向かってたくさん「徳」を積み立てているのと同じこと。いまはつらいかもしれないけれど、よい行いは必ず大きく膨れ上がって戻ってくると考えてください。

最強のお祓い言霊③

「自分は幸せにならなきゃおかしい！」

「人生を大逆転させる、超強力な〝お祓い言霊〟」の3つ目は、怒りながら「自分は幸せにならなきゃおかしい！」と言うことです。

私たち人間には「喜怒哀楽」の感情が備わっています。多くの人は「喜」や「楽」はいい感情で、「怒」や「哀」はよくないものだと無意識に思っています。

そのため、「怒」や「哀」は、表に出さず抑えるべきものだと考えます。

「怒」も「哀」も、ムリに抑え込むと、いつまでも心のなかでくすぶります。そして、気づかぬうちに、そこからどんどん「邪気」を生み出してしまいます。

でも、「怒」も「哀」も、神様から私たちに与えられた感情のひとつです。抑え込まないで解放し、自分にはこんな感情があるんだと感じてあげることで「怒」も「哀」も、自然と心から解き放たれていきます。

怒りの感情を脳に訴えかけて現状を変える

私は、現状に甘んじて、「怒」や「哀」の感情を抑え込んでいる人、自分のほんとうの気持ちを見てみぬフリをして、人生をあきらめかけている人に、**いまの状況から抜け出すために、ぜひ怒りながら「自分は幸せにならなきゃおかしい！」と言ってほしいと考えます。**

私はこれまで1万人をカウンセリングしてきたなかで、多くの方が「ガマン」して感情を抑え込み、苦しんでいるのを見てきました。

ガマンをして幸せになっているならいいのです。

でもそんな例はひとつもありません。

断言できます。ひとつもないのです。

たとえば「もっとお金がほしい」と思っていても、「このくらいの仕事しかできないし、仕方ない」「どうせこんなもん」とあきらめる。

素敵なパートナーと結婚したいと望んでいるのに、「太っているし、もう年だから……」と自分に言い聞かせる。

何かやってみたいと思っても「私なんかにはムリ」と行動しない。

こうして、自分の可能性を押し込めて、人生をあきらめかけている人に、ぜひ、一度、自分のほんとうの望みに目を向けてほしい。

「私が、この仕事しかできないなんておかしい！」、「私にチャレンジできないなんておかしい！」、「私に最高のパートナーがいないなんておかしい！」と、怒りとともに、ほんとうの気持ちを吐き出してみてほしいのです。

怒りは強い感情なので、脳に強烈に響きます。これまでは「そのままでいい」と脳は思っていたのに、「このままじゃイヤだ」という指令を受けて「あ、イヤだったんだ」と、現状を変えるように働き始めるのです。

現状を変える変化を感じ始めたら、「ありがとう、幸せです」といった言霊をさらに唱えると、よい方向への変化がより加速するでしょう。

こんなケースがあります。

恵子さんは、父親が幼いころに亡くなり、女手ひとつで母親に育てられました。一人で必死に子育てをするお母さんを見た親戚たちに、恵子さんは「とにかくガマンしなければいけないよ」と言われ続けてきました。

まだ幼かった恵子さんは、何をガマンしたらいいかわからなかったけれど、とりあえず楽しいことはガマンしようとしてきたのだそうです。

彼女は、自分の存在がお母さんを苦しめているのではないかと、常に不安だったと言います。

だから、楽しいことがあったらその分、苦しまなければならない、幸せな経験をしたら、同じくらいつらい経験もしなければならない。そうすれば自分は生きていてもいいんだと無意識のうちに思い込んでいました。

でも私と出会ってから、ご両親についてあらためて考えたら、２人は恵子さんの幸せを願って生んで育ててくれたと気づいたのです。そこで、

「こんなのおかしい！」

「自分は幸せにならなきゃおかしい！」

と叫んでみました。すると、自分に対して「もっと人生を楽しんでいい」と許可できるようになり、ただ幸せになればいいんだと思えるようになったのです。

ただし、「怒りを吐き出す」と言っても、「子どもが言うことを聞かないから怒鳴る」とか、会社の上司に直接、不満をブチまけるというのとは違います。

怒りたい相手がいるときは、本人に向かって吐き出すのではなく、陰でこっそり発散してくださいね。

column

天皇も使った究極の浄化言霊「とほかみえみため」

「とほかみえみため」という言霊は、日本神話における「十種神宝《とくさのかんだから》」という神聖な宝物に由来すると言われています。

「十種神宝」は、剣、玉、鏡などの10種類の神具《しんぐ》から成り、人の魂を浄化し再生させる力があると信じられてきました。

この「十種神宝」を使用するときに唱えていたのが「とほかみえみため」です。

日本では、明治天皇までの歴代の天皇が唱えていたと言われています。

「とほかみえみため」の「とほかみ」は、神さま、そして我々のご先祖さまを指し、「えみため」は微笑んでください、感謝していますという意味だとされています。

つまり、**「ご先祖さま、神さま、感謝していますから微笑んでください」という意味が込められているというわけです。**

「とほかみえみため」は、そのほかの言霊のように「言葉の意味に効果が秘められている」というより音の響きが神聖な波動を持つとされており、口にすることで高い浄化の効果が得られると考えられています。

「とほかみえみため」と言うことで、自然や神々のエネルギーにつながり、空気や人の「邪気」を祓うとされているのです。

また「とほかみえみため」と唱えると、祈りの力が高まり、生命力を取り戻し、ポジティブなエネルギーを引き寄せるとも言われる、特別な「ひとりお祓い」の言霊です。

困ったときはもちろん、目覚めたら数回唱えて穏やかな朝を迎えたり、掃除をしながら口にして家にポジティブなエネルギーを満たしたりなど、思いついたときに上手に活用してみてください。

第5章

【思考】で邪気知らずの心をつくる

～「ひとりお祓い」をする～

心の免疫力を下げる原因は誰もが持つ「心のクセ」

「ひとりお祓い」「三位一体クリアの法則」の最後、「思考（Conscious）」では、心の免疫力を高めることを目指します。

心の免疫力を高めるとは、大人になってから身につけた「邪気」を生み出す心のクセを、少しずつ解消していくという意味です。

人間の体でたとえてみましょう。

風邪を引いたときは、薬を飲んだりぐっすり眠ったりなどの手当をすれば回復します。でも、たとえそのときはよくなったとしても、そもそも体の免疫力が衰えていたら、またすぐに風邪やインフルエンザにかかってしまうでしょう。

心の免疫力も同じことです。

「ひとりお祓い」の「三位一体クリアの法則」、「思考（Conscious）」を行えば、ため込んだ悪い気はどんどん祓われ運気が高まります。

でも、心のクセがそのままだと、また「邪気」をため込んだり生み出したりして運気を引き下げてしまうのです。

だから、心のクセを直して邪気知らずの体質にするのです。

自分の常識が邪気を生み出す原因に

心の免疫力を下げる「心のクセ」は、あなたが持つ「思い込み」からつくられます。


人はどんな思い込みを持ちがちなのか、いくつか例を挙げてみましょう。

たとえば、知らず知らずのうちに「結婚したら家事は全部、女性が行う」といった感覚を持つ人はいまだに少なくありません。社会的には「男女平等」と言われて、それを理解しているのにもかかわらず、実際には女性だから家のことをするという気持ちが心のなかに染みついているのです。

この場合、母親が家事を完璧にこなす女性だったり、親から「料理や掃除は妻の仕事」と教えられていたりなどという原因が考えられます。

こんな思い込みを持っていると、仕事で忙しいのにムリをして家事を行い「誰も手伝ってくれない」と不満を持ったり、「食事もロクにつくれない私って、ダメな人間だわ」などと自分を責めたりして「邪気」を生み出してしまいます。

思考のクセは他にもあります。

よくあるのは「〜すべき」と考えてしまう人です。

たとえば「上司はなんでも知っているべき」という考えを持っていると、上司がミスをしたり、知らないことがあったりすると許せない気持ちを抱いてもやもやするでしょう。

はたまた「会社は社員を教育すべき」という思い込みがあると、誰も教えてくれない場合、不満を持ったりストレスを感じたりして「邪気」を生み出します。

自分が持っている固定観念＝心のクセが知らず知らずのうちに自分を苦しめているのです。

「もやっ」としたら思い込みに気づくチャンス

私は心理カウンセラーとして日々たくさんの方に接していますが、「思い込み」は、**主に幼いころに、親からよく聞かされたことや学校での教育、そして周りの大人の言うことなどによって形づくられていると感じています。**

子どものころに親しんだテレビ番組やマンガなどの影響により、特定の価値観が染みつきます。大人になってからは、周りが「これが当たり前」と信じていることに感化されている人は少なくありません。

こういった思い込みは、無意識のうちにできるもののため、自分がどんな思い込みを持っているのか、知るのはなかなか難しいです。

また、どんな思い込みを持っているかは、人によっても違います。

そのため、誰にも共通してこんな思い込みがあるとは言いづらいのがこの問題の難しいところです。

では、思い込みをなくすにはどうすればいいのでしょうか。

仕事やプライベートでの「もやっ」を逃さない

私がお客様にオススメしている、思い込みに気づく最も簡単な方法のひとつが、心が「もやっ」としたら、なぜだろうと考えてみるということです。

たとえば、与えられる仕事が苦手なものばかりで、仕事に行くのが苦痛でたまらないのに、ガマンして通い続けて、もやもやしているとしましょう。

このとき、自分の心にもやもやがあることにまずは気づきます。

次に「なぜ、もやもやしている？」と自分に問いかけてみましょう。

すると、やりたくない仕事を続けているのは、昔から親が「石の上にも3年」とよく言っていたからだと思いつくかもしれません。

はたまた、周りの友人も仕事をガマンして続けているのだから、同じように自分もガマンしなければならないからだということもあるかもしれません。

前者であれば、最低でも3年間はじっと耐えて継続しないと、自分に合っているかいないかはわからないと聞かされていたので、すぐに転職するのはよくないことだといつの間にか思っていたのです。

後者であれば、友人や同僚との会話のなかで仕事＝つまらなくてガマンしなければならないものだという価値感が形成されていたのです。

これは仕事だけではなく、プライベートでも同様です。

たとえば、ママ友にカフェに誘われても喜んで行ける人と、もやっとする人がいるとします。そこで「なんでこの人だともやっとするんだろう」と考えてみます。

すると、その人は「いつも、ママ同士のうわさ話ばかりで、つまんないんだよね」と思いつきます。

それなのに、なぜ誘われると断れないのかと自分に聞いてみたら、昔から「誰とでも仲良くしなきゃダメ」と言われていた。

だから「苦手な人でも断れないんだ」という思い込みに気づくことができるはずです。

思い込みは日常の何気ないシーンから気づくことが多いです。

ですから、まずは心のもやっとした瞬間を逃さないように心がけてみましょう。

思い込みの8割は気づけば解除できる

本書で言う思い込みは、心理学用語では「メンタルブロック」と呼ばれています。「メンタルブロック」には、自分の可能性を狭めてしまう思い込みのほか「自分にはできない」といった否定的な思考や、「あの人はこうに違いない」といった先入観も広く含みます。

実は心理学では、「メンタルブロック」は、そこにあること、そしてどんなメンタルブロックなのかがわかれば、8割は解除できると言われています。

つまり、もやっとしたときに「なぜ、もやもやしているんだろう？」と自分に問いかけて、「あ、そうか！　こんなふうに思い込んでいたからだ」とわかれば、その時点で8割はクリアできるということです。

だから、本章では次項以降はジャーナリングやハードモードといったノウハウや考え方をお伝えしながら、皆さんに思い込みのメンタルブロックを解除する方法をお話ししていきます。

メンタルブロックを解除するとは？

実際に、メンタルブロックを解除できた例をお話ししましょう。

梨花さんはいつも周りの顔色をうかがい、言いたいことが言えない女性でした。

彼女は、営業職についていたので、日々、お客さんと会って話をする必要があります。でも梨花さんは、会話の途中で少しでもお客さんが黙ったり、不機嫌になったりすると、「あ、私が何か変なことを言ったに違いない」「ムリを言い過ぎたのかも」と萎縮してしまい、それ以上、営業することができなくなっていました。

そのため、営業として成果を出すことができずに悩んでいたのです。

私は梨花さんに、どうしてそんなもやもやを抱えるようになったのか、自分に問いかけてもらいました。

すると、すぐに梨花さんの頭に母親の顔が浮かびました。

梨花さんの母は、自分の思い通りにならないとすぐに声をあげて梨花さんに当たり散らすタイプだったのです。

何も悪いことをしていないのに、よく怒られたり八つ当たりされていた梨花さんは、いつも「私が悪いからだ」と思い込んでいたとのこと。

でも、いまあらためて振り返ってみると、自分は何もしていないのに、母が勝手に怒っていたことに気づきます。

そして「そっか、私はいつもお母さんの顔色をうかがっていたから、いまでも同じようにしてしまうんだ」ということがわかったのです。

自分が持っていた「自分は人を不機嫌にさせてしまう」という思い込みに気づい

たら、梨花さんは少しずつ「私が、相手を不機嫌にさせているわけではない」と思えるようになり、営業としてお客さんに、堂々と商品を勧められるようになりました。

梨花さんのように、気づいたら解消していく思い込みもあれば、根強く残る思い込みもあります。

たとえば「自分には〝ガマンはいいこと〟という思い込みがある」と気づいても、ついついつらい道を選んでしまい、なかなかガマンばかりする状況から外れることができないとします。

そんな根強く残る思い込みは、「ひとりお祓い」をしていくことで、少しずつ解消していきましょう。

自分が持つ思い込みと反対の言霊を唱えるのも効果的です。

たとえば「ガマンがいいこと」という思い込みがあるなら、「ガマンしなくていい」や「ありのまま生きてもいい」などと唱えるのです。こうしてメンタルブロックを徐々に解除していきます。

ジャーナリングで頭のなかをすっきりさせる

自分が持つ思い込みを見つけ、頭のなかをすっきり整理できるテクニカルな方法があります。

それが、近年注目を集める「ジャーナリング」という手法です。

「ジャーナリング」は、頭に浮かんだことをそのまま、ノートや紙に書き出します。

考えをまとめてから書くのではないという点で日記とは異なります。

「ジャーナリング」の目的は、もやもやと頭のなかに浮かんでいた内容を外に出し、あらためて文字として見ることで、自分が何を考えていたのかを客観的に知ることです。

あえて汚い言葉を選んで書く！

その名称から専門的で難しいように感じるかもしれませんが、やり方はとても簡単です。

まず、コピー用紙やチラシの裏でもいいので、A4サイズの大きさの紙を1枚用意します。次にその紙が埋まるくらい言葉を書き出します。

ポイントは、**あえて、汚い言葉を書き出してみることです。**

これには理由があって、ご自身の感情を抑えつけてきた方は、なかなか言葉が出てきにくいことがあるからです。

たとえば、職場の上司に不満があるなら「いつもいつも偉そうに命令しやがって」「だからみんなに嫌われているのに、アホだから気がついてない」のように、普段は口にしないような言葉を使うとそれが引き金になり、そのあとの言葉がスラスラ出てくることがよくあります。

筆が動き出したら、誤字や脱字、何をどう書くかの順番などは一切気にせずに、思いつくままに書き出してみましょう。

書き出した内容から自分のクセ＝思い込みがわかる

「ジャーナリング」はその効果を高めるために、時間を区切って行うことをオススメします。「1分」「10分」などのタイムリミットがあることで自分の思いに集中することができるからです。

時間がないときなら3分や5分でもいい、時間があるときは10分や15分など、そのときの状況に応じて実践してみてください。

毎日やる必要はありませんが、不定期でも継続することで自分の思考の傾向を知ることができます。

自分の思いを書き出してみて、「あ、なんか完璧とか、足りないという言葉が多いな」と思ったら、もしかしたら「100点でないといけない」という思い込みがあると気づくかもしれません。

「今日もまた、グチを聞かされた」と書くことが多いとしたら、もしかしたら「弱音を吐いちゃいけない」という思い込みがあるため、人がグチを言うのが気になっているのかもしれないのです。

腹が立ったり、イライラしたりしたときなどは特に、自分の気持ちを書き出すことをオススメします。書き出すことで、気持ちを沈め、ストレスを軽減することができるからです。

「こんなこと書いていいの？」などと思わずに、「ムカつく」「ふざけるな」など、思いついたことをそのまま書き出してみましょう。

そして、**どんなことがあったから腹が立ったのかを見つめてみると、あなたの持つ思い込みが見えてくるでしょう。**

「なんでいつも、私の言うことを否定するの」と腹が立つのであれば、「自分の言うことを聞いてほしい」、そして「私の言うことにだって価値があるはず」と思っているのかもしれません。

「上司が私だけ褒めてくれない」「声をかけてくれない」と書いているのであれば、「認めてほしい」という気持ちがあるのかもしれないのです。

あなたの心の奥底から紡ぎ出した言葉はあなた自身を表しています。

「ハードモード」の人生はもう選ばなくていい

スマホやインターネットなどでゲームをプレイする人は、ゲームの世界には「イージーモード」「ノーマルモード」「ハードモード」があることをご存知だと思います。

知らない方のために簡単に説明すると、「イージーモード」とは、落とし穴や敵などの障害が少なく、比較的、簡単にクリアできるバージョンです。

初めてのゲームをプレイするときは、たいていの場合、「イージーモード」を選びます。

「ノーマルモード」「ハードモード」になるにつれ、飛んでくる弾が増えたり、いきなり後ろから襲われたり、ゾンビだらけになったりして、どんどんクリアするのが難しくなります。

そして、3つの段階のモードは現実の世界にも存在すると私は思っています。

それはこんなイメージです。

「ハードモード」では、毎日、残業してヘトヘトになるまで仕事して、家に帰っても一人でコンビニで買ったお弁当を食べる。休日は身体を休める時間に充てるだけで消費してしまう。

「イージーモード」では、自分の関心がある分野を仕事にしてお金を稼いで、同じ志を持った仲間との輪が広がり、休日は大切な人と一緒に過ごす。疲れを知らず、次の朝が来るのが楽しくてしょうがないというイメージです。

ほとんどの人は「ハードモード」の人生で闘う

私は「9割の人が、自ら『ハードモード』の人生を選んでいる」と思っています。


「9割って多すぎない？」と感じるでしょうか。

でも、決して大げさに言っているわけではありません。

実際に、私に相談してくださる方のほとんどが、無意識のうちに、自ら「苦労し」「ガマンする」道を選んでいます。知らず知らずに自分にインストールした「思い込み」によって「ハードモード」の人生を歩んでいるのです。


「つらいことがあるから成長できる」

「若いときの苦労は買ってでもしろ」

「楽あれば苦あり」

あなたはこういった言葉を聞いたことがあるでしょうか。

そして、いま、こうした言葉を聞いてどう感じますか？

「そうだよね、人生楽しいことばかりじゃないよね」
「確かに楽しいことばかりじゃ、成長しないよね」
「苦労した経験が、人間の器を大きくするのでは？」

などと同意するようであれば、間違いなく「ハードモード」の人生を歩んでいます。

私も24～27歳までの間は、同じように「つらいことがあるから成長できる」「人生は修行だ」と思っていました。だからこそ、次から次へとつらい経験をすることになったのです。

でも、27歳で斎藤一人さんの本と出会ってから、ガラッと考えが変わりました。斎藤一人さんは「人生は〝修行〟ではなく〝遊行〟だ」と言っています。私たちは苦労するために生まれてきたのではなく、地球に遊びにきていると教えてくれています。

いまでは私自身、「楽しいことばかりじゃ、成長しない」と考える人によくこんな話をします。

私は、親しい仲間と食事をするのが大好きです。

仲間とワイワイ話をしていると、一晩で必ず10個以上は、自分の知らなかったことを知れたり、気づいたりすることがあります。

また私は、毎年のようにコンサル生と一緒に、勉強会を兼ねた旅行をしています。

みんなと一緒に語り合い、観光をして、おいしいものを食べて最高の時間を過ごすのです。

一見すると、楽しく遊んでいるだけのように見えるかもしれません。

でも、旅行の最後に私が「この時間で成長できた人は？」と聞くと、全員がビシッと手を挙げてくれるのです。

つまり、**つらい思いやがマンをする「ハードモード」の人生でなくても、楽しみながらでもいくらでも学ぶことはできるのです。**

楽しみながら学ぶためには次のような心がけが大切です。

どんな花も種を蒔《ま》いた時点で、咲く花は決まっています。

ひまわりの種を蒔いたらひまわりの花が咲きますし、パンジーの種を蒔いたら、パンジーの花が咲きます。

私は人生もこれと同じだと思っています。つまり、楽しみとか幸せの種を蒔いたら、その楽しみや幸せがいつか形になって現れます。**その過程では自然と花を咲かせるために人は学ぼうと成長するものなのです。**

楽しい道に進めば努力が自動化する

私は決して、努力を否定しているわけではありません。

何かを叶えようと思ったら、あきらめずに継続して目標に向かっていくことはとても大切だからです。

でも同じ努力でも、自分の願う方向に進むための努力であれば、つらくなく楽しいはずです。

ゲームが好きなら次々とステージをクリアするために、夜遅くまでゲームをしていても決して「苦しい」とは感じないでしょう。

上司の話は5分でも長いと思うのに、メイクをあれこれ工夫したり、好きな旅行の動画を見るのであれば、30分なんてあっという間ですよね。

だからこそ、**私は9割の「ハードモード」の人生を送る人たちに、あえて「迷ったら楽しいほうへ進め」と、伝えたい。**

ラク＝怠惰ではない

これはラクな道を推奨しているのではありません。

大事なことなので繰り返しますが、「楽しいほうへ進む」のは、決してラクで怠惰な道を選んでいるわけではありません。

大切なのは、「楽しい」と直感的に感じることは、あなたの人生を望む方向に導いてくれるということ。「楽しい」ことは継続が苦にならないということです。

そのため、努力をつらい、苦しいと感じずに楽々と続けていくことができるでしょう。

これはいわば、「努力の自動化」です。

「努力」しようと「努力」せずに、あなたをどんどん成長させてくれる仕組みになるというイメージです。

「楽しいほう」を選んでいるのですから、たとえ思い通りにならないことがあったとしても、すぐにくじけたりしません。

「これはこれで、楽しいこと」と考え、乗り越えるための工夫ができるでしょう。

もちろん、人生にはうまくいかないことも起こります。それでも「つらくて苦しかったのに、ダメだったのか」となるより、「楽しかったし、いい経験ができた」と考えられるほうが後悔は少ないはずです。

そうして、楽しいほうを選ぶように心がけると、自然に人生が好転して自分らしく生きられるようになります。

あなたの人生は、誰かのためではなくあなた自身のためにあります。

罪悪感を覚えることをやってみる、そこにヒントがある

ここでもうひとつ、楽しみながら思い込みを解消するやり方をご紹介します。

それは「罪悪感を抱く何かをやってみる」ということです。

「罪悪感を抱く」と言っても、法律に反する行為などではありません。

自分の思い込みに対抗するために「こんなことしていいのかな……」とちょっと不安になる行動を思い切って取ってみるのです。

たとえば「家族に食べさせる食事は手作りでなきゃ」「毎日3食、手作りが当然」という思い込みがあったとします。

そんな場合、ときには料理を休んで、高級デリでおかずを買ってきたり、ウーバーイーツでデリバリーを頼んだりしてみるのです。

やってみたら意外と家族に好評で、「こんなメニュー、初めて」と喜ばれたり、お子さま向けメニューを選べて、子どもも楽しめたりという声をよく聞きます。

これまで「自分の手作りじゃなきゃ」とがんばってきたのであれば、「な〜んだ、これでよかったんだ」と、あっさり思い込みが解消するでしょう。

そして心のなかでもやもやしていた「邪気」がスッと消えていきます。

他にも、母親として「子どもの面倒はしっかりみないと」という思い込みがあり、忙しいなか、子どもの送り迎えの時間に追われてイライラするのであれば、登録すると送迎をしてくれるサービスを利用してみましょう。

子どももきちんと帰ってこられるし、何より自分がイライラしなくて済む。そんな快適さを味わったら、それまで持っていた「子育ては、ラクしちゃいけない」のような思い込みはなくていいものだとわかるでしょう。

人に助けてもらうこと＝迷惑をかけているわけではない

実は私も、以前は完璧主義で「やるべきことは全部、自分でやらなければならない」という思い込みがありました。

セミナーを主宰するときも、セミナールームを予約し、ホワイトボードにその日の進行を書き出し、プロジェクターの準備も自分で行い、もちろん登壇するのは私自身で、司会も進行も自分で行っていたのです。

セミナーに来てくださる人数がまだ少ないときは、それでもよかったのです。でも、30人を超えてくると会場も準備も大掛かりになります。

あるとき、一人であたふたしていると、早めに会場に来た方が「ｍａｓａさん、手伝いましょうか」と言ってくださいました。それでもまだ私は「ゲストにそんなことさせられない」と自分でなんとかしようとしていました。

でも「もうこれ以上はムリ」となったとき、私は罪悪感を抱きながらも、初めてお手伝いをお願いしたのです。すると意外なことに、お願いした方々は「ｍａｓａさんに頼りにされてうれしい」「役に立ててよかった」と逆に喜んでくださいました。

そのときから私の「すべて自分でやらなきゃいけない」という思い込みは取り払われて、心が軽くなったのです。

column

昭和の思い込みを捨てていこう

昭和が終わり、平成を経た現在は令和の時代です。

初代のiPhoneが発売されたのは2007年(平成19年)。それ以前の昭和の連絡方法は、もはや絶滅危惧種の固定の黒電話。電話を持ち歩くなんて想像ができなかった時代から、社会の環境は大きく変化しています。

それなのに、人々の「思い込み」は、意外と昭和のまま受け継がれていることが多いと、私は日々感じています。

たとえば「女性が男性をサポートする」など、性別による役割分担をいまだに無意識のうちに信じている人は少なくありません。

また、効率的に結果を出すことより「とにかくがんばる」姿勢を優遇するのも、昭和の名残でしょう。

なかでも「邪気」を生み出しやすいのが、「つらいことがあるから成長できる」「若いときの苦労は買ってでもしろ」「楽あれば苦あり」などです。これらの思い込み——つらさに耐えたりガマンしたり、苦労をすることが美徳だ——の背景にはガマンした分だけ将来にいいことが起こるはずという固定観念がもとになっているように感じます。

私は昭和を否定しているわけではありません。

私だって昭和の真っ只中の生まれで、昭和にどっぷり浸かってきた人間です。まじめに努力することの大切さなど、身をもってわかっています。

でも、そんな私だからこそ、**自分のプラスにならない昭和の価値観は捨てていこうと言いたいのです。**

高度成長していた時代は、終身雇用制度が広まり、一度入社した会社で働き続ければ、最終的にはある程度の地位につき、退職金や年金がもらえたため、ガマンする価値もあったのでしょう。

でも、時代は大きく変わっています。

ジェンダーレス（社会的、文化的に男女差をなくす考え方）が広まり、転職や副業があたりまえのいま、社会の変化はスピードアップし、ガマンし続けていても得られるものはほとんどなくなっています。

だからこそ、自分にとってメリットのない昭和の「思い込み」は、できるだけ早く解消し、「邪気」を祓うことで、望む人生を手に入れてほしいのです。

第6章

邪気ゼロで雪崩のごとく幸運を引き寄せる

他人の幸せを願うのは自分の幸せを願うこと

第5章までに、あなたの運気を引き下げる「邪気」の正体、そして、「邪気」を祓う最強の方法「三位一体クリアの法則」についてお話ししてきました。

はじめにで述べた通り、「邪気」をまとっている状態で運気を引き寄せようとしても効果は半減します。あまり効果は感じられないかもしれません。

だから、本書ではまずは「邪気」を祓うことを最優先にその方法を私なりにお伝えしてきました。悪い気であふれていたあなたが、「三位一体クリアの法則」によって、いまでは「邪気」が少ない状態になっているはずです。

そして「邪気」が解消された状態で運気を引き寄せる行為をすれば、かつてのあなたとは違って大きな反応が期待できるでしょう。

本章では、「三位一体クリアの法則」を実践して「邪気」をリセットし、運気がよい方向に向かったときに、さらに幸運をパワーアップさせる秘策をご紹介します。

「この人にすべてのよきことが、雪崩のごとく起きます」

私は、うつになった母親の介護をしていた27歳のときに、斎藤一人さんの本に出会いました。本を読んで、まず実践したのが言霊を唱えるというシンプルな幸せの法則です。

そして、もうひとつ、**日常的に心がけるようにしたのが「周りの人の幸せを心のなかで願う」ことです。**

これが「運気を上昇させるコツ」のひとつ目です。

家族や友人はもちろん、道ですれ違った人でも、電車のなかでたまたま隣にいた人でもいい。また買い物で入ったお店の店員さんでもいいのです。

とにかく「この人にすべてのよきことが、雪崩のごとく起きます」とつぶやきます。

当時の私は、コンビニでバイトをしていましたから、対応するお客さんすべてに対して、心のなかで「この人のあらゆる面でいいことが、雪崩のごとく起きますように」とひたすら願っていました。

脳は自分と他人の区別はせず、頭に浮かんだことをそのまま実現しようとします。つまり、人の幸せを願うことは「自分を幸せにしてください」と言っているのと同じことです。

また、人の幸せを願っていると「自分は何かの役に立っている」という自己有用感が高まります。この感覚を持つことが自己肯定感を高めるためには欠かせないと心理学では言われています。

つまり、**周りと自分を比べがちで、人の評価が気になってしまう人ほど、他人の幸せを願うことで、自己肯定感が高まって「邪気」を**

生み出しにくくなり運気をどんどん高めていくことができます。

なお、お客様と話をしていて私が「自分をもっと大切にしてくださいね」「自分の幸せを願ってください」とアドバイスすると「できません」「そんなこと言えません」という人が意外にもたくさんおられます。

そんな自分をなかなか認めてあげられない人も、他人の幸せだったら願いやすいはずです。ぜひ、ゲーム感覚で周りの幸せを願ってみてください。

よく、１日に１００人の幸せを願うことが提案されていますが、これが難しければ10人でもいい。

家を出て、帰ってくるまでの間にそばにいた人、すれ違った人、一緒に働いている人など、目についた人すべての人の幸せを願ってみましょう。

「電車に乗ったら優先席に座れ」を心がける

夢や目標も持たない、やる気のない高校生だった私を変えてくれた、高校時代の恩師がいます。

その人の名前は吉田先生。

恩師である吉田先生はよく「電車に乗ったら優先席に座れ」と私たちに語っていました。これを聞くと「え、高校生が優先席に座ったら、お年寄りやケガをした人が座れないんじゃない？」と思いますよね。

でも、吉田先生が言いたかったのは「先に座って、席を確保してお

け」ということでした。

都会の電車のなかでは、健康でまだ若いのに優先席に座って、お年寄りが来ても眠ったふりなどをして席を譲らない人が少なくありません。

吉田先生は、「そんな人たちに、優先席を占領させるな」と伝えたかったのです。

つまり私たちが先に優先席に座って、席を取っておく。そして、お年寄りや体が不自由な方が来られたら「ここ、空いてますよ」と、率先して譲るのです。

コミュニケーションが苦手でも大丈夫

電車のなかで席を譲るのと同じように、周りに積極的に親切をするのが、運気をどんどん上昇させるコツの2つ目です。

私がこうお伝えすると「人に親切にしようとしても、なかなかチャンスがありません」と言う人がいます。

普段、通っている道では、おばあちゃんが一人で横断歩道を渡ろうとすることはないし、重たそうな荷物を持っている女性もそう見かけませんというのです。

でも、私たちの脳は何かを意識するとそのためのアンテナを立て、情報を収集しようとします。

たとえば、目をつぶって「赤いもの」と意識して目を開けると、これまでは目につかなかった赤いものが目に入ります。

つまり、**日常的に「今日も人に親切にする1日にしよう」と考えていると、親切にできるチャンスに出会うのです。**

駅で切符の買い方がわからず困っている旅行者がいたら話しかける。

バスからベビーカーを降ろすのを手伝ってあげる。

もしかしたら、面識のない他人とコミュニケーションするのは恥ずかしいという人もいるかもしれませんね。

そんな人は次のようにするといいでしょう。

飲食店で食べ終わったあとのお皿を、片付けやすいように並べてあげる。

エレベーターの乗り降りやお店に入店する際に扉を開けてあげる。

ちなみに私は、高校生のときから吉田先生の影響で、毎年献血をしています。人とのコミュニケーションが苦手な方は、献血をするのも立派な親切ですから、定期的に行うのもいいでしょう。

「感謝道」の上級者になって運気を最強にする

3つ目の運気を上げる、パワフルな効果が期待できる行動は「感謝できることを考えて数える」ことです。

私たちは、いまある環境や目の前のできごとを、つい「あたりまえ」と思いがちです。でも、ちょっと見方を変えるだけで、この世のなかは感謝したくなることであふれています。

屋根のある家に住めることや、清潔な衣服を身につけられることはありがたいことです。スマホという文明の利器のおかげで便利な生活ができていますし、毎日、温かいお湯でシャワーが浴びられることにだって感謝できますよね。

私はよく、うれしいことや楽しいことがあったからではなく、いまいる状況で感謝できることを考えてみてくださいとお伝えします。

何かいいことがあったときだけ感謝の気持ちを持つのは、いわば「感謝道」の初級です。

「ひとりお祓い」を実践しつつ、運気を上げていきたいのであれば、「感謝道」中級以上になってほしい。

ここで言う中級とは、なんでもない平凡な日常のなかに、感謝を見つけられる力を持つことです。毎日、3食ご飯が食べられてありがたい、家族で元気に暮らせてありがたい。

どんなことでも「あたりまえ」と思わずに感謝できるようになってほしいです。

さらに「感謝道」の上級者は、自分にとってよくないと思われるできごとが起きても、ただ嘆くのではなく、「これは何を教えてくれているのだろう」と考えます。

そして、一見するとよくないできごとから改善点を学んで実行します。

「感謝道」の上級者になれば、運気は最強になっていきます。

1日の終わりに感謝を5つ思い浮かべる

科学的にもこんな結果が報告されています。

心理学者が行った実験では、毎日「感謝できること」を探して感謝したグループは、何もしなかったグループより、幸福感が高くなり体調がよくなっただけでなく、生産性もアップしたのです。

もちろん、人とのコミュニケーションもスムーズになりますから、よいことが起こる確率もグンと高くなります。

できれば1日の終わりに、その日を振り返って感謝できることを5つ思い浮かべて書き出してみましょう。

夜は時間が取れない方は、朝起きたときでも、通勤電車のなかでも構いません。

また、紙に書き出さなくても、スマホのメモ帳でもいいですし、頭のなかに思い浮かべるだけでもいいのです。

感謝できることについて考えるのは、楽しい時間です。最初は5つ挙げるのが難しければ3つでもいい。ポイントはできるだけ毎日、感謝について考えることです。

「自分史上最高の奇跡を起こす」を唱える

第4章で「ひとりお祓い」の「三位一体クリアの法則」で、言霊についてお話ししました。

まだまだ「邪気」がたっぷり積み重なっているときは、キホンの「なんとかなる」「きっとよくなる」「ありがとう」「ツイてる」などの、短くてポジティブな言霊が、マイナスに落ち込んだエネルギーを引き上げるために非常に効果的です。

「邪気」が減り、心が少しずつ軽くなってきたら、次のステップとして、運気をさらにグッと持ち上げてくれる言霊を唱えてみましょう。

これが「運気を上昇させるコツ」の4つ目です。

私がよくオススメしているのは、

・「幸せにしかならない人生に感謝しています」
→幸せにしかならないと決め、先に感謝してしまうという意味の言霊。

・「自分史上最高の奇跡を起こす」
→自分が想像もしなかったような最高の奇跡を起こすという意味です。

・「神様の奇跡が起こる」
→神さまに委ねて、自分の考え以上の奇跡をお願いするという意味です。

カスタマイズした言霊を唱えるのもOK

慣れてきたら、「ありえない神様の奇跡が起こる」や「億万長者になれた人生に感謝しています」などと、自分なりにカスタマイズして繰り返すのもいいでしょう。

ただ、こうした言霊は、まだ「邪気」が残っている場合、唱えていて違和感を覚えることが多いかもしれません。

「自分史上最高の奇跡を起こす」とつぶやいても、「そんなこと言っても、いまのこんな状況じゃね……」と感じるようでしたら、いったん唱えるのをやめてみましょう。なぜなら、**脳はつぶやいたことより頭のなかで「いま、こんなだから、ムリでしょ」と考えたことのほうを優先するからです。**

唱えてしっくりくるまでは、こうした言霊はお休みして、口にして違和感を覚えなくなるまで基本的な言霊を繰り返すことをオススメします。

運気を上げる習慣【お金】

お金は循環して自分に戻ってくる

ここからは、多くの人が悩みを持つ代表的な分野、「お金」「健康」「人間関係」「時間の使い方」について、それぞれどうやって運気を上げていくかお話ししましょう。

まず、金運を上げるためにとても大切なのが「お金は循環している」と考えるということです。

多くの人は、モノを買ったり、公共料金などの支払いをしたりするとき、「お金が減る」「お金を失う」と考えます。

そして、お金が減ることに対して恐怖と痛みを感じます。

すると「邪気」が生まれやすくなりますし、「邪気」がたまるとお金は居心地が悪いと感じ逃げ出そうとします。

でも、ちょっと考えてみましょう。

どんな場合でもお金を払うときは、使った分だけ何かを必ず得ているはずです。

たとえば、スーパーで買い物をしたら、支払った金額の分だけ、お肉やお野菜が手に入ります。電気料金を払うからこそ、電気が使え、パソコンやスマホも使用できるでしょう。

お金は決して「減っている」だけではないのです。

お金で得られたものをイメージし、お金は「循環している」と考えられるようになると「お金を失う」心の痛みがやわらぎます。

ちょっと怖いくらいの金額を使ってみる

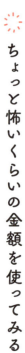

お金が循環していることを体感するために、非常に効果的なワークがあります。**それは、思い切って「ちょっと怖い」くらいの金額を使ってみることです。**

自分のために高級な靴やバッグなどを手に入れるのもいいですし、ご両親やお世話になった先輩などを、ホテルのディナーに招待するなどでもいいでしょう。

普段なら使わないような金額を思い切って払うことで、自分が「循環の源」になるのです。

もちろん、ムリして借金をしてまで大金を払う必要はありません。また、お金を使うと言っても、ギャンブルに関してはお金に嫌われてしまうと言われています。自分のできる範囲で少し背伸びしてみることで、自分の持っているお金の器を大きくする効果も期待できます。

いつもなら手に取らないような、高級なお醤油やオリーブオイルを買ってみるのでもいいのです。普段は100円ショップでしか買わないようなものを、おしゃれな雑貨屋さんで手にするのもいいでしょう。

自分が循環の源になり、与えたり使ったりした金額は、3倍以上になって返ってくると言われています。

私もコンサル生が集まる会などでは、全員の分を支払うようにしてから、目に見えてお金の循環がよくなったと実感しています。

「循環しているのだから、そのうちまた戻ってくる」という気持ちでお金を見送れるようになれば、「邪気」が生まれにくくなります。

運気を上げる習慣【健康】

「動的発散」と「静的発散」をバランスよく

人は、社会的、心理的に強いストレスを感じると、知らず知らずのうちに心や体に大きな負担がかかります。

エネルギーが低下し、不安やイライラを抱える、胃痛、便秘、下痢などの内臓の不調が起きるといったほか、睡眠の質が低下して疲れが取れにくくなったりもします。

体をいいコンディションに整えるためには、食事や運動などはもちろん、ストレス管理にも気を配るといいでしょう。

ストレスの発散法は「動的発散」と「静的発散」の2種類に大きく分けられます。

「動的発散」とは、たとえば、カラオケで歌いまくる、バッティングセンターに行く、ジョギングをする、など思いっきり声を出したり体を動かしたりして、ストレスを解消する方法です。

一方で「静的発散」は、読書、ドラマを見る、湯船につかる、瞑想をする、森林浴をする、など静かに心を落ち着かせてストレスを軽減するやり方です。

動的発散がリフレッシュタイプとすれば、静的発散はリラックスタイプとも言えるでしょう。

心と向き合い、外に向けて発散する

多くの人は、どちらかのストレス解消方法に偏りがちです。

しかし、ほんらいはどちらも行うことで、より効果的にストレスを軽くすることができると言われています。

私の場合は静的発散では、読書をし、アニメや映画（ヒューマン系）、YouTubeでサッカーのダイジェストを見て楽しみ、動的発散では、ジムに行って筋トレをして、サウナで汗もかいています。

どちらか片方だけに偏っているよりも、人生がガラッとよくなります。

人間には心と向き合う時間も大事ですし、外に向けて発散する時間も大事だからです。静的発散だけの人は動的発散の趣味を持ち、動的発散だけの人は静的発散の趣味を持つようにすることで人生がより好転するでしょう。

もちろん、ムリをしてどちらも同じくらい行う必要はありません。

ただ、カラオケに行って歌いまくってスッキリしたら、別の日にカフェで読書をするなど、どちらもうまく取り入れるようにすると、心と体のバランスが整いやすくなります。

運気を上げる習慣【人間関係】

人間関係は先にギブする　でもテイカーには与えない

「運気をどんどん上昇させるコツ」で、周りに積極的に親切にすることが大切だとお話ししました。

「自分が与えたものを受け取る」のが、この世の法則です。

ですから、周りに親切にするのはもちろん、笑顔でも優しい言葉でもいい、自分から与えることで、その行動は自分に幸運となって返ってきます。

ただ、このようにお伝えすると、むやみに与え続けて疲弊してしまう人がいます。

私に相談してくださる方でも、自分を犠牲にしてでも与えすぎてしまう場合が少なくありません。

そのため、**私は与えることのバランスを考えるとき「テイカー」には与えないようにするようアドバイスしています。**

組織心理学者のアダム・グラント氏が書いた『ＧＩＶＥ＆ＴＡＫＥ「与える人」こそ成功する時代』（三笠書房）によると、人間には３つのタイプがあると言います。

①ギバー（人に惜しみなく与える人）
②テイカー（真っ先に自分の利益を優先させる人）
③マッチャー（損得のバランスを考える人）

①と②はわかりやすいかもしれません。③のマッチャーは、与えられなければ与えないし、何かをしてもらったら「恩を返さなければ」という気持ちに駆られる人のことです。

マッチャーは相手の出方に合わせて、助けたり、しっぺ返しをするなど、立ち位置を変えます。

さて、先に、私は「テイカー」には与えないように心がけているとお話ししました。

これには、「テイカー」にギブしすぎてしまうと、自己犠牲型のギバーになってしまうという理由があります。

自己犠牲型のギバーとは、相手に何かを与えるばかりで、相手から吸い取られるだけの関係性になって、自分が精神的にも物質的にも豊かにならないギバーのことです。

ギバーになって疲弊してしまう人は、たいてい自己犠牲型のギバーになっています。これは吸い取るばかりを考えている「テイカー」を相手にしてしまっているためです。

だから「テイカー」を見極める必要があるのです。

「テイカー」を見極めたら距離を置く

「テイカー」を見極める私の判断基準は「与えていて苦しくなる」人です。

最初は線引きをせずにギバーになると、時間が経つにつれて、相手が「テイカー」かどうかがわかるものです。

たとえば、自分の業務以外の仕事を引き受けていたら、どんどん他の仕事も頼まれて、自分だけ毎日、長時間の残業になってしまった。こんな場合は、仕事を頼む人は「テイカー」だと考え、キッパリと断りましょう。

仲良しの友人だけど、いつも自分が一方的に話を聞いたり、旅先のお土産や誕生日プレゼントをあげたりするばかりで、だんだんと一緒にいるのが心地よくなくなってきた。そうであれば、少しずつ距離を置くようにしましょう。

「テイカー」が家族の場合もあるかもしれません。

そんなときでも「家族だから……」とムリをして与え続ける必要はありません。毎年、夏休みと冬休みに実家に帰っていたのであれば、回数を減らすなど、自分がつらく感じない程度まで離れてみるのは悪いことではないのです。

「なんで私ばかり」という気持ちが湧いてきたら、その相手とは離れるタイミングだと思うといいでしょう。

私は、たとえ仲良くしていても、気持ちのいい人間関係が続かない人とは距離を置くように心がけています。

そうすることで、自分の心のバランスが保たれ「テイカー」ではない人に、気持ちよく与え続けることができます。

運気を上げる習慣【脱デジタル】

スマホから抜け出した時間で心を満たす

日常生活で、私が大切にしている次の点があります。

・オフラインの時間をきっちりと取る

いまは、スマホ1台あれば、調べものをしたり、目的地までの行き方を確認できるだけでなく、現金を持たなくても電車に乗ったり支払いをしたり、買い物まですることができます。

スキマ時間ができたら、さっとスマホを取り出せば、コンテンツは選び放題。本を読むのも動画を見るのもすぐにできます。

スマホのおかげでとても便利な一方で、私はスマホに自分が侵食されるのではないかという危機感を抱いています。

スマホの画面から流れてくる情報を受けているだけだと、何かを深く考えたり、自分を振り返ったりする時間が減っていきます。

すると、最も大切な「自分はどうしたいか」を確認するチャンスが減り、どんどん流されていってしまうのです。

ときにはスマホの通知をすべてオフにして、自分のためだけに使う時間を見つけてほしいと私は考えています。

週に1度、1時間でもいいからデジタルと離れる

デジタルの世界は、効率よくいろいろな情報を得ることができてとても便利です。

でも私は、たとえばYouTubeで公開されている書籍を要約する動画を見て概要を知るよりも、実際に本を手にとって読み込むことでこそ、人が要約したものからは得られない情報が手に入ると思っています。

週に1度でもいいのです。お気に入りのカフェを見つけ、おいしいコーヒーを飲みながら本を読んだり、ジャーナリングをしたりする。そんなご褒美時間を自分に与えてあげてほしい。

私がこう言うと、特に子育て世代のお母さんは忙しく「自分のために時間を使うなんて考えたこともないです」と言います。

でも「邪気」を祓い、人生を好転させたいと思うのであれば、週に1時間でいいから、デジタルから離れて自分の「好き」と向き合ってほしい。

少しずつでもいいので、自分を大切にすることで「邪気」が生まれにくい心を育《はぐく》み、運気をどんどん高めていきましょう。

column

生き別れた父親と25年振りに再会した女性

私のお客様の一人である美樹さんのお話です。

彼女は高校生のときに母と自分を置いて出て行った父親のことをずっと憎んでいました。

浮気をして別の女性と住むようになった父親とは、縁を切るつもりで連絡をいっさい断ちました。そしてその後は、消息不明で生きているのか、死んでいるのかさえも知らなかったそうです。

その間、美樹さんは結婚して子どもが生まれます。

長男が20歳を超えるまでは、縁を切った父親のことは心の底で気になってはいたものの、思い出すこともあまりなかったそうです。

長男が23歳になったとき、美樹さんは離婚することになりました。子どもが成人するまで無我夢中で子育てしてきた美樹さんは、このとき初めて、自分の今後の人生について考え、私のところに相談に来られました。

そして「ひとりお祓い」を実践するようになったのです。

少しずつ「邪気」を祓い、感謝を数えるなどの運気アップ法を行っていくと、やがて美樹さんの心に変化が表れました。

「ひとりお祓い」を続けるうちに、恨みや憎しみなどの感情が落ち着いておだやかになり、ふと「お父さんの消息を知りたくなった」のです。

美樹さんが市役所に行き戸籍の附票を取得すると、あっけなく父親の所在はわかりました。

思いもかけず、父親がまだ生きていたことを知り、美樹さんは相手の生活の邪魔にならないようにと、手紙を書きます。

自分の子どもの写真を添えて、連絡先を書いた手紙を送ると、なんと翌日にすぐ、電話がかかってきました。

電話に出ると、25年ぶりに父親と話すのがウソのように自然に「元気だった?」と会話をすることができたそうです。

そして、誘われて食事に行った美樹さんは、25年ぶりに父親と再会します。

美樹さんがまだ20代、30代のころは、いつか父親に会って面と向かって「バカやろう!」と怒鳴る夢を何回も見ていたそうです。

でも、実際に25年ぶりに会ったときは「邪気」の多くが祓われていたためか、旧友に久しぶりに会うように、相手を思いやりながらおだやかに会話ができました。

いまでも年末年始や夏休みになると父親と食事をしているそうです。

おわりに

本書をお読みいただき、ありがとうございました。

突然ですが、最後にみなさんに質問です。

「10本ある両手の指で、どれが一番大切でしょうか？」

いかがでしょうか。

このように質問すると、ちょっと困りながらも「えぇ〜っと、よく使う人差し指ですかね？」「真ん中の3本はないと困りますよね」などと答える人がほとんどです。

でも、意地悪な質問かもしれませんが、**正解は「10本の指、全部が大事」です。**

突き指をしたり、ケガをしたりして、どこかの指が動かせない状態になったことがある方は、それがたとえ小指1本でも「この指が使えないだけで、とても不便だった」と実感したことがあることでしょう。

すべての指にはそれぞれ役割があり、お互いに助け合いながら役目を果たしています。

何が言いたいかというと、10本の指と同じように、時間、お金、健康、仲間や家族、そしてパートナーの存在は、それぞれが満たされているからこそ、総合的な満足度が高まります。

ところが世のなかには「人生、そんなにうまくいくわけないよ」という思い込みから、時間はあってもお金や仲間がいない、お金はあるけどパートナーがいない、など、バランスに欠けた状態になっている人が多いのです。

「お金よりも友情が大事」という思い込みがあれば、その通りに友人には恵まれても、お金は厳しい状態になるでしょう。反対に「お金があればなんでもできる」という思い込みがあれば、稼ぐことはできても、パートナーには恵まれないかもしれません。

こうして何かが足りない状態に陥る人は、もしかしたらほかにも「欲張りはいけない」「欲張りは身を滅ぼす」のような思い込みがあるのかもしれません。

もしくは「欲張ると〝邪気〟が発生しそう」と考える人もいるかもしれません。

でも、私は「欲張り」でいいと思っています。時間、お金、健康、仲間、家族、そしてパートナーの存在など、自分が欲しいものはすべて求めてもいいのです。

誰もが、求めているものすべて手に入れられる可能性を秘めています。

ただ、そんな無限の可能性を見えなくしているのが「邪気」であり、邪気を生み出す思い込みなのです。本書ではひとりお祓いを通して、皆さんが欲張りな人生を実現するための方法をお伝えしました。

どれも簡単で、かつ実践的なものになっています。ぜひピンときたものをいまから実践してみてください。

そしてどんどん人生を好転させて、「ｍａｓａさん、奇跡的な人生になりましたよ」と直接お会いしたときにご報告してもらえることを心の底から楽しみにしています。

あなたの人生が奇跡であふれていきますように。

２０２５年　４月　一粒万倍日　心理カウンセラー　ｍａｓａ

著者紹介

心理カウンセラー masa（まさ）

1978年生まれ。明治大学法学部法律学科卒業。母親の介護で苦しんでいた20代の時期に1冊の言霊本と出会い、それを実践したところ、奇跡的に母親が回復。それからは言霊や潜在意識にまつわるありとあらゆる研究に没頭し、自分とお客さまの人生に応用するようになる。「魂と神さまのシンクロ率を高める」という独自の理論を構築して、お客さまの人生が驚くほどのミラクルに包まれる奇跡を体感中。以来、独自のメソッドを応用したカウンセリングは評判を呼び、6カ月先まで予約が埋まる。カウンセリングによって、これまで1万人以上を幸福にしてきた。YouTube、X、Instagramなど、SNS総フォロワー50万人（2025年3月現在）。著書に、『奇跡スイッチの押し方！潜在意識で夢を叶える』（徳間書店）、『恐ろしいほどお金の神様に好かれる方法』（扶桑社）、『神様とシンクロする方法』（KADOKAWA）、『1日3分 願いが叶う超感謝ノート』（フォレスト出版）などヒット作多数。

編集協力／塩尻朋子
イラストレーター／Takako

「人生《じんせい》どん底《ぞこ》」から幸《しあわ》せが舞《ま》い込《こ》む
ひとりお祓《はら》い
〈検印省略〉

2025年 4 月 24 日 第 1 刷発行
2025年 9 月 2 日 第 7 刷発行

著　者——心理カウンセラー masa（まさ）
発行者——田賀井 弘毅

発行所——株式会社あさ出版
〒171-0022 東京都豊島区南池袋 2-9-9 第一池袋ホワイトビル 6F
電　話 03 (3983) 3225 (販売)
03 (3983) 3227 (編集)
F A X 03 (3983) 3226
U R L http://www.asa21.com/
E-mail info@asa21.com
印刷・製本 (株) 光邦

note http://note.com/asapublishing/
facebook http://www.facebook.com/asapublishing
X https://x.com/asapublishing

ISBN978-4-86667-746-0 C2039